구약
2
유치부 교사용

하나님의
구출 계획

The Gospel Project for Kids

is published quarterly by LifeWay Christian Resources, One LifeWay Plaza, Nashville,
TN 37234, Thom S. Rainer, President. © 2015 LifeWay Christian Resources
Translated and used by permission of LifeWay Christian Resources

This Korean translation edition © 2018 by Duranno Ministry,
38, Seobinggo-ro 65-gil, Yongsan-gu, Seoul, Republic of Korea
Published by arrangement with LifeWay Christian Resources

가스펠 프로젝트

구약 **2**

하나님의 구출 계획

유치부 교사용

지은이 · LifeWay Kids / 옮긴이 · 안윤경 / 감수 · 김병훈, 이희성, 정희영

초판 발행 · 2018. 1. 15 / 2판 1쇄 발행 · 2026. 2. 10 / 등록번호 · 제1988-000080호
등록된 곳 · 서울특별시 용산구 서빙고로65길 38 / 발행처 · 사단법인 두란노서원
영업부 · 02) 2078-3352 / FAX 080-749-3705
편집부 · 02) 2078-3437
표지 디자인 · 땅콩프레스 / 활동 연구 · 김찬숙, 박청아, 이향순, 진명선, 홍선아

책값은 뒤표지에 있습니다.
ISBN 978-89-531-4730-0 04230 / 978-89-531-4727-0(세트)

홈페이지 · gospelproject.co.kr 두란노몰 · mall.duranno.com

차례

 # 이렇게 활용해 보세요!

단원 개요 ①

'가스펠 프로젝트(하나님의 구원 계획)'의 연대기적 큰 흐름 속에서 각 단원과 각 과의 주제를 살펴봅니다.

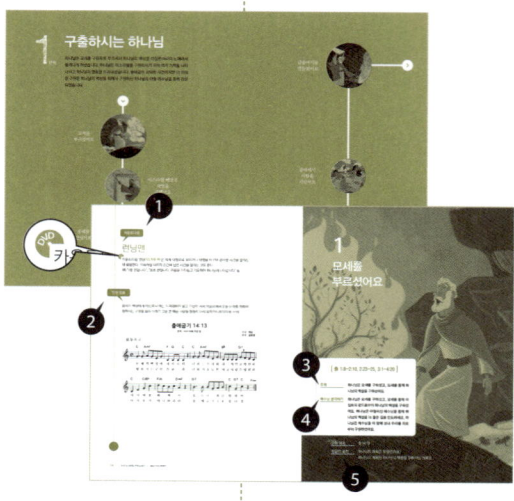

1 **카운트다운** : 단원별로 제공되는 3분 카운트다운 영상으로, 장소를 옮기거나 시간을 구분 짓는 방법으로 활용할 수 있습니다.

2 **단원 암송** : 단원의 핵심 메시지가 담긴 성경 구절입니다. 연령에 맞게 적절한 길이로 암기할 수 있도록 주요 어휘에 밑줄 표시를 해 두었습니다.

3 **주제** : 각 과의 핵심 줄거리를 파악할 수 있습니다.

4 **예수님 생각하기** : 성경 이야기에 담긴 복음을 발견하게 합니다. 모든 성경 이야기는 그리스도와 연결됩니다.

5 **성경의 초점** : 본문과 관련된 성경의 중심 주제를 문답 형식으로 정리한 문장입니다. 단원별로 제시된 성경의 초점을 익히며 성경의 흐름을 이해하게 합니다.

＊지도자용 팩의 PC 전용 DVD-Rom에 영상, 그림, 음원, 악보, PPT 등의 자료가 있습니다.

말씀 묵상 ②

말씀을 묵상하며 교육 목표를 확인하고, 기도로 준비합니다.

1 **본문 속으로** : 각 과를 준비하며 묵상할 내용과 티칭 포인트를 제시합니다. 청장년용 《가스펠 프로젝트》로 교사 소그룹 모임에서 더 깊은 묵상을 나누며 성경 읽기를 병행할 것을 권유합니다. 부모 소그룹 모임은 교회와 가정을 연계해 교육 효과를 더욱 높여 줄 것입니다.

2 **QR 코드** : 가스펠 프로젝트 홈페이지(gospelproject.co.kr)에서 각 과별 교사 지도 가이드 동영상을 무료로 이용할 수 있습니다.

3 **이야기 성경** : '가스펠 설교'에서 사용하는 구어체 설교입니다. 같은 내용의 영상이 지도자용 팩에 있습니다.

가스펠 준비 ③ 사전 활동을 살펴봅니다.

1. **싱글벙글 환영해요 :** 아이들을 맞이할 때 염두에 두어야 할 정보를 담았습니다.
2. **너랑 나랑 마음 열기 :** 각 과의 주제와 연결된 간단한 게임 활동을 소개합니다.

가스펠 설교 ④ 들어가기 – 성경 이야기 – 메시지와 정리 – 성경의 초점 – 복음 초청 – 기도 – 암송송에 이르는 설교 가이드입니다.

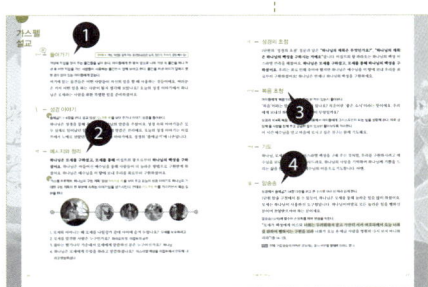

1. **들어가기 :** 도입 아이디어를 소개합니다.
2. **메시지와 정리 :** 각 과의 성경 이야기를 정리하고 연대표를 이용해 '가스펠 프로젝트(하나님의 구원 계획)'의 큰 흐름 속에서 각 과의 위치를 파악해 봅니다.
3. **복음 초청 :** 매주 복음을 전하고 영접 기도로 이끌 수 있는 초청 대화를 담았습니다.
4. **암송송 :** 단원의 핵심 메시지가 담긴 성경 구절을 쉽게 익힐 수 있도록 찬양과 손유희를 소개합니다.

가스펠 소그룹 ⑤ 말씀 놀이 – 간식 – 마무리 순서로 진행되는 소그룹 가이드입니다.

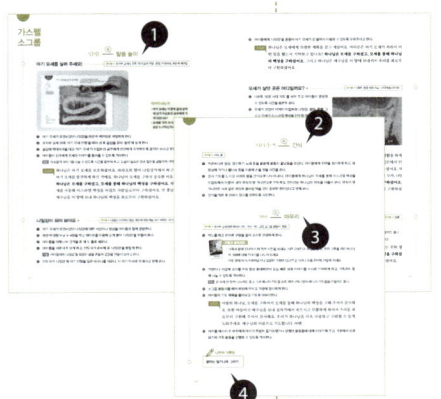

1. **알콩달콩 말씀 놀이 :** 성경 이야기에서 배운 내용들을 되새기며 즐겁게 놀이할 수 있는 다양한 활동을 소개합니다. 각 과의 첫 번째 활동에는 유치부 교재를 풍성하게 활용할 수 있는 교수 방법이 담겨 있습니다.
2. **소곤소곤 꿀~꺽 간식 :** 각 과에 어울리는 간식과 효과적인 간식 지도 방법을 소개합니다.
3. **오순도순 마무리 :** 메시지 카드(각 과의 핵심 내용과 가족과 함께하는 활동을 담은 카드)를 나누어 주고, 아이들이 활동한 자료를 파일에 정리한 후 기도로 마무리하는 과정을 안내합니다.
4. **나만의 기록장 :** 각 과를 정리하며 나 자신을 돌아보게 하는 활동입니다. 시간 여건에 맞게 활용할 수 있습니다

발간사

이형기
두란노서원 원장

두란노서원을 통해 라이프웨이(LifeWay)의 《가스펠 프로젝트》 성경 공부 교재 시리즈를 발간할 수 있도록 인도하신 하나님께 감사드립니다. 험한 소리로 가득한 세상에 이 책을 다릿돌처럼 놓습니다. 우리 삶은 말씀을 만난 소리로 풍성해져야 합니다. 주님을 만난 기쁨의 소리, 진실 앞에서 탄식하는 소리, 죄를 씻는 울음소리, 소망을 품은 기도 소리로 가득해야 합니다.

《가스펠 프로젝트》는 신구약을 관통하는 예수 그리스도의 복음을 발견하고, 그 가르침을 삶에 적용하는 지혜를 얻도록 기획한 성경 공부 교재입니다. 어린아이부터 어른에 이르기까지 생애주기에 따른 복음 메시지를 잘 배울 수 있습니다. 또한, 거짓 진리가 미혹하는 이 시대에 건강한 신학과 바른 교리로 말씀을 조명하여 성도의 신앙이 좌로나 우로나 치우치지 않도록 돕습니다.

두란노서원은 지금까지 "오직 성경, 복음 중심, 초교파적 관점"을 바탕으로 한국 교회와 성도를 꾸준히 섬겨 왔습니다. 오직 성경의 정신에 입각해 책과 잡지를 출판해 왔으며, 성경에 근거한 복음 중심의 신학을 포기한 적이 없습니다. 그리고 교단과 교파를 초월하여 교회와 성도가 하나님 나라를 바라볼 수 있도록 돕기 위해 노력해 왔습니다. 《가스펠 프로젝트》는 두란노가 지켜 온 세 가지 가치를 충실하게 담은 책입니다.

성경은 구원을 위한 책이며, 구원사의 주인공은 예수 그리스도입니다. 창세기부터 요한계시록까지 오직 예수 그리스도의 복음만을 전하는 《가스펠 프로젝트》 성경 공부 교재를 통해 복음의 은혜와 진리를 깊이 경험하고, 복음 중심의 삶이 마음 판에 새겨지기를 바랍니다. 그리고 예수 그리스도 복음에 굳게 선 한 사람의 영향력이 가정과 교회와 사회에 흘러감으로써 거룩한 하나님 나라가 확산되어 가기를 소망합니다.

감수사

김병훈

합동신학대학원대학교
조직신학 교수

두란노가 출간하는 《가스펠 프로젝트》는 무엇보다도 전통적으로 교회가 풀어 온 흐름을 충실히 따라 성경을 해설하고 있습니다. 그리고 그 방향은 궁극적으로 예수 그리스도를 향해 나아가고 있습니다. 이것은 예수님이 구약과 신약의 모든 성경이 자신을 가리키고 있다고 하신 말씀에 비추어 매우 타당한 것입니다. 게다가 그리스도 중심적 해설을 무리하게 전개하지 않습니다. 각 본문에서 하나님의 구원 언약과 그것을 실현하시는 하나님을 드러내면서, 그리스도의 예표적 설명이 가능한 사건을 놓치지 않고 풀어내고 있습니다.

성경 공부 교재는 명시적으로 혹은 암시적으로 제시하는 교리적 진술이 교리 체계상 건전해야 합니다. 《가스펠 프로젝트》는 99개 조에 이르는 핵심 교리를 일목요연하게 제시하여 교리의 건전성을 확인할 수 있도록 도움을 줍니다. 《가스펠 프로젝트》의 교리는 교파를 막론하고, 예수 그리스도의 복음에 충실한 복음주의 교회들에게 환영받을 만합니다. 물론 교파마다 약간의 이견을 갖는 부분들이 있을 수 있겠지만, 각 교회에서 교재를 활용하는 데에 무리가 없을 것입니다. 《가스펠 프로젝트》의 특징은 각 과에서 학습한 내용을 핵심 교리와 연결해 주며, 그 결과 그리스도의 복음에 관련한 교리적 이해를 강화시킨다는 데에 있습니다.

끝으로 《가스펠 프로젝트》는 어떤 성경 주해서나 교리 학습서가 갖지 못하는 훌륭한 장점을 가지고 있습니다. 그것은 학습자를 하나님과 그리스도의 복음 앞으로 이끌며, 자신의 신앙과 삶을 돌아보도록 하는 적용의 적실성과 훈련의 효과입니다. 아울러 본문과 관련한 교회사적으로 또 주석적으로 중요한 신학자와 목사의 어록을 제시하고, 심화 토론을 위한 질문을 달아 주고, 선교적 안목을 열어 주는 적용 질문들을 더해 준 것은 《가스펠 프로젝트》에서 얻을 수 있는 커다란 유익입니다.

추천할 만한 마땅한 성경 공부 교재를 찾기가 쉽지 않은 현실에서 《가스펠 프로젝트》는 성경을 개괄적으로 매주 한 과씩 3년의 기간 동안 일목요연하게, 그리고 그리스도 중심적으로 공부하도록 이끌어 준다는 점에서, 한국 교회의 기초를 성경 위에 놓는 일에 커다란 공헌을 할 것으로 믿어 의심치 않습니다.

이희성

총신대학교
신학대학원
구약학 교수

"보라 날이 이를지라 내가 기근을 땅에 보내리니 양식이 없어 주림이 아니며 물이 없어 갈함이 아니요 여호와의 말씀을 듣지 못한 기갈이라"(암 8:11). 주전 8세기 아모스 선지자의 외침이 오늘 이 시대에 다시 메아리쳐 오고 있습니다. 두란노의 《가스펠 프로젝트》는 성도들이 겪고 있는 영적인 갈증과 혼란을 해소해 줄 수 있는 유익한 성경 공부 교재입니다.

첫째, 《가스펠 프로젝트》는 성경 전체 흐름과 문맥에 따라 구성되어 성경의 큰 그림을 볼 수 있도록 도와줍니다. 또 성경 각 본문의 의미를 깊이 이해할 수 있도록 해당 분야의 전문 성경 신학자들의 주석적 견해를 잘 소개하고 있습니다. 둘째, 본문 연구와 함께 관련 핵심 교리를 적절하게 소개하여 성경과 교리를 연결할 수 있습니다. 또 모든 세션에서 그리스도와의 연결점을 찾아 제시함으로서 구약 본문을 통해서도 복음을 깨달을 수 있습니다. 성경 공부 전 과정을 마치면 성도들이 복음에 대한 견고한 믿음을 가지게 될 것입니다. 셋째, 성경 공부 적용의 초점을 선교에 맞추어 성도들이 삶의 현장에서 복음의 증인으로서의 사명을 감당할 수 있게 도와줍니다. 마지막으로, 주일학교에서 장년에 이르기까지 동일한 주제와 본문으로 성경을 공부하도록 구성하였기 때문에 모든 교인이 한 말씀 안에서 한 믿음의 공동체를 이루며 성숙해 가는 영적 부흥을 경험하게 될 것입니다.

두란노의 《가스펠 프로젝트》를 통해 말씀이 갈급한 기근의 시대에 영적 해갈의 기쁨을 경험하시기 바랍니다.

정희영

총신대학교
유아교육과 교수

《가스펠 프로젝트》 유치부 교재는 유아의 특성에 맞게 그림과 활동으로 구성되어 있으며, '이야기 나누기'를 통해 성경 이야기를 복습함으로써 성경에 대한 이해와 기억을 돕고 있습니다. 교사용 교재는 교사가 성경 이야기를 쉽게 설명할 수 있도록 '가스펠 준비', '가스펠 설교', '가스펠 소그룹'의 단계로 나누어 진행 방법을 소개하고 있습니다. 특별히 성경 이야기를 나누기 전에 '본문 속으로'를 통해 교사들이 아이들에게 가르쳐야 하는 성경의 내용을 이해하고 숙지하도록 중요한 부분을 설명해 주고, '티칭 포인트'에서 다시 한 번 핵심이 무엇인지 강조해 줍니다. 또한 홈페이지에서 '교사 지도 가이드' 영상을 제공하여 영상 세대 교사

들이 쉽고 친근한 자료로 교사 교육의 시공간적 한계를 극복하도록 도움을 주고 있습니다.

이러한 교재의 구성은 유아의 발달 특징을 잘 고려한 것이며, 성경을 잘 모르는 교사들도 성경 이야기를 왜곡되지 않게 잘 이해해 아이들에게 효율적으로 나눌 수 있게 했다는 특징을 지닙니다. 이는 다른 성경 공부 교재들과 차별되는 특징으로서 《가스펠 프로젝트》가 좋은 성경 공부 교재임을 보여 줍니다.

《가스펠 프로젝트》의 내용 가운데 구약은 창세기부터 시작해 말라기에 이르기까지의 내용을 "위대한 시작", "하나님의 구출 계획", "약속의 땅", "왕국의 설립", "선지자와 왕", "돌아온 하나님의 백성" 등으로 나누어 다루고 있습니다. 대부분의 유치부 성경 공부 교재가 구약의 사건을 이야기 중심으로 가르치는 반면, 《가스펠 프로젝트》는 사건의 흐름에 맞추어 성경의 핵심 교리를 가르치되 유아의 발달 상황을 고려해 구성했습니다. 유아들에게 교리는 어렵다는 생각에서 탈피해 그들의 영성을 고려해 내용을 구성한 점은 《가스펠 프로젝트》의 장점이라고 할 수 있습니다.

《가스펠 프로젝트》의 또 다른 장점은 '가스펠 설교'를 마무리할 때 예수 그리스도께 초점을 맞추고 있다는 점입니다. 구약은 오실 예수 그리스도에 대한 예표요, 신약은 오신 예수 그리스도에 대한 사건을 기록하고 있다는 점에서 예수 그리스도께서 성경의 주인이심을 잘 표현하고 있습니다.

현재 우리나라의 출산율은 OECD 국가 가운데 최하위를 차지하고 있으며, 교회의 주일학교는 반 이상이 줄어든 상황입니다. 이러한 위기 속에서 언약 백성으로 다음 세대를 잘 양육해야 할 책임이 있는 교회와 그리스도인 부모, 교사들에게 《가스펠 프로젝트》는 이 시대에 부응하는 효율적이며 영향력 있는 좋은 성경 공부 교재가 될 것입니다.

✝ 《가스펠 프로젝트》는 한 영혼, 한 영혼을 향한 하나님의 멈추지 않는 사랑을 전하며, 아들을 내어 주신 아버지 하나님의 놀라운 구원 계획에 눈뜨게 하는 교재입니다. 성경을 꿰뚫는 변함없는 메시지, 예수 그리스도를 만날 수 있는 교재입니다. 유익한 활동과 흥미로운 반복 학습을 통해 기독교 핵심 주제를 접하고, 말씀을 가까이하며 가족과 묵상을 나누도록 이끄는 방식에 기대가 큽니다. 다양한 소재의 동영상과 그림 자료는 시청각 자료가 부족한 교육 현장에 큰 활력을 불어넣어 줄 것입니다. 교재 내용에 맞게 창작된 찬양은 곡조가 있는 산 기도를 체험하게 도와줄 것입니다. 무미건조한 습관적 예배, 아이들과 소통하지 못해 안타까워했던 부모와 교사, 다음 세대를 걱정하는 교회 지도자들에게 이 교재를 추천합니다.

김요셉 _ 중앙기독학교 교목, 원천침례교회 목사

추천사

✝ 우리 시대의 전 세계적 교회 부흥은 두 가지 샘을 갖고 있습니다. 한 샘은 오순절 부흥 운동의 샘입니다. 이 샘으로 많은 시대의 목마른 영혼들이 목마름을 해갈했습니다. 또 하나의 샘은 성경 연구의 샘입니다. 남침례교 주일학교 운동은 이 샘의 개척자입니다. 이 샘으로 지금도 많은 성도가 목마름을 해갈하고 있습니다. 미국 남침례교 라이프웨이 출판사는 이러한 사역을 충실히 감당해 왔습니다. 《가스펠 프로젝트》는 모든 필요를 공급하는 원천이 될 것입니다. 《가스펠 프로젝트》는 쉬우면서도 결코 피상적이지 않습니다. 믿음의 단계를 따라 하나님의 자녀들에게 꼭 필요한 복음의 진수를 맛보게 해 줄 것입니다.

이동원 _ 지구촌교회 원로 목사, 지구촌 미니스트리 네트워크 대표

✝ 《가스펠 프로젝트》는 예수 그리스도를 중심으로 성경을 배웁니다. 성경이 어떻게 그리스도와 연결되어 있는지, 또 성도의 삶이 하나님의 구원 계획에 어떻게 연결되어야 하는지 구체적으로 제시합니다. 특히 《가스펠 프로젝트》는 하나의 본문으로 각 연령에 맞게 구성한 교재를 제공하여 하나의 본문으로 전 세대를 연결하고, 가정과 교회를 하나 되게 합니다. 신앙의 전수가 중요한 시대에 성도와 교회와 가정이 한마음으로 다음 세대를 준비시키기에 적합합니다. 특히 가정에서 부모가 자녀와 말씀으로 대화를 나눌 수 있게 하여 자녀 신앙 교육에 도움이 될 것입니다.

이재훈 _ 온누리교회 담임 목사

✝ 《가스펠 프로젝트》를 펼치는 순간 가슴이 뛰었습니다. 이 시대를 살아가는 모든 그리스도인에게 꼭 필요한 성경의 핵심적 내용을 쉬우면서도 흥미로운 설정으로 펼쳐 내면서 성경을 깊이 알아 가는 기쁨과 구체적인 적용을 돕고 있기 때문입니다. 무엇보다도 가장 뛰어난 점은, 성경의 중심이 되는 예수님을 충실하게 드러낸다는 점입니다. 복음 프로젝트를 성실하게 따라가다 보면 예수님을 통해 완성하시는 하나님의 구원 역사 프로젝트가 드러날 것이고, 나아가 하나님 나라가 우리 삶에 한층 가까워질 것입니다. 이 시리즈를 통해 체계적인 '가정 제자 훈련'과 '성경 공부'를 정착시켜 한국 교회와 이민 교회에 거룩한 부흥의 불길이 일어나기를 기대합니다.

류응렬 _ 와싱톤중앙장로교회 담임 목사, 고든콘웰신학대학원 객원 교수

✝ 《가스펠 프로젝트》유치부 교재는 유아에게 성경을 좀 더 효과적으로 가르칠 수 있도록 돕는 교재입니다. 성경 전체에서 끊임없이 말하고 있는 '예수 그리스도'를 유아기에 꼭 맞는 교수 방법으로 소개해 유아에게 예수님과의 행복한 만남을 선물할 것입니다. 또한《가스펠 프로젝트》는 가정과의 연계 교육이 매우 중요한 유아기에 부모와 긴밀하게 상호 작용할 수 있도록 구성되어 있습니다. 전 연령에 맞는 교재가 구비되어 있기 때문에 모든 가족, 더 나아가 모든 교회의 구성원이 같은 말씀으로 대화를 나눌 수 있습니다. 이 교재를 통해 다음 세대가 인생에 꼭 필요한 '예수 그리스도의 복음'의 토대 위에서 은혜 안에 자라 가기를 바랍니다.

이영희 _ 카도쉬비전센터 이스라엘교육연구원 대표,《토라 태교》저자

✝ 두란노서원은 오랫동안 어린이용 성경 큐티 자료집의 발간을 통해 어린이들이 가정에서 부모와 함께 성경을 읽고 묵상할 수 있는 주요한 사역을 감당해 왔습니다. 이제 두란노서원의《가스펠 프로젝트》의 발간으로 아이들이 교회에서는 교회학교 교사와, 가정에서는 부모와 성경을 공부해 복음적 삶의 변화를 가져올 수 있게 됨을 축하합니다.《가스펠 프로젝트》는 교회학교 교사가 아이들에게 말씀을 효과적으로 가르칠 수 있는 교수 매체로서, 아이들과 함께 다양한 놀이 및 활동을 할 수 있도록 안내합니다. 유치부가 사용할 교재의 삽화는 성경의 주요 본문에 가까워 성경의 본문 내용을 이해하도록 하는 데 도움을 줍니다. 또한 활동 자료는 아이들의 발달 수준에 적절합니다.《가스펠 프로젝트》를 사용하는 교회학교 교사, 부모, 아이들이 예수 그리스도를 배우고 본받아 하나님이 주신 사명을 실천할 수 있기를 바랍니다.

장화선 _ 안양대학교 기독교교육과 교수

1
단원

구출하시는 하나님

하나님은 모세를 구원자로 부르셔서 하나님의 백성을 이집트(애굽)의 노예에서 풀려나게 하셨습니다. 하나님은 이스라엘을 구원하시기 위해 여러 기적을 나타내시고 하나님의 영광을 드러내셨습니다. 출애굽은 위대한 사건이지만 더 위대한 구원은 하나님의 백성을 죄에서 구원하신 하나님의 아들 예수님을 통해 완성되었습니다.

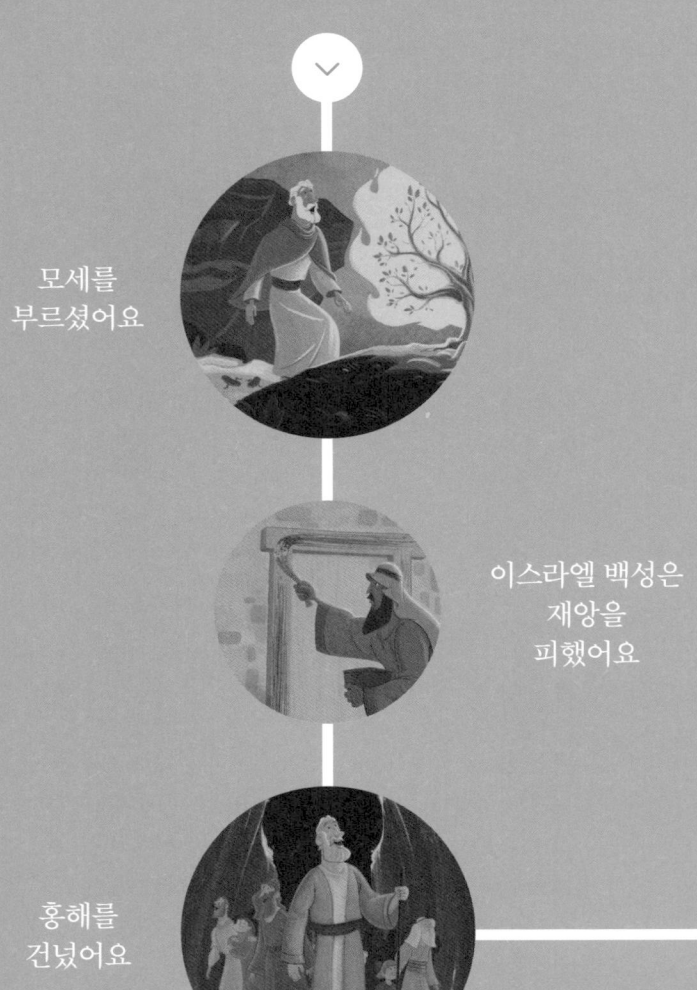

모세를
부르셨어요

이스라엘 백성은
재앙을
피했어요

홍해를
건넜어요

금송아지를
만들었어요

광야에서
시험을
치렀어요

THE GOSPEL PROJECT / GOD DELIVERS

카운트다운

런닝맨

카운트다운 영상(**지도자용 팩**)은 예배 대형으로 모이거나 대형을 바꾸며 준비할 시간을 알리는 데 활용한다. 익숙해질 때까지 중간에 남은 시간을 알리는 것도 좋다.
예) "1분 전입니다", "30초 전입니다. 마음을 가다듬고 기도하며 하나님께 나아갑시다" 등.

단원 암송

모세가 백성에게 이르되 너희는 두려워하지 말고 가만히 서서 여호와께서 오늘 너희를 위하여 행하시는 구원을 보라 너희가 오늘 본 애굽 사람을 영원히 다시 보지 아니하리라(출 14:13).

출애굽기 14:13

원곡 : 머리 어깨 무릎 발

작곡 : 미상
편곡 : 김효정

보통으로

모 세 가 백 성 에 게 이 르 되   너 희 는 두 려 워 하 ― 지 말 고 가 만 히
행 하 시 는 구 원 을 보 ― 라   너 희 가 오 늘 본 애 굽 사 람 을 영 원 히

서 서 여 호 와 ― 께 ― 서   오 늘 너 ― 희 를 위 하 여
다 시 보 지 아 니 하 리 라   출 애 굽 기 1 4 장 13 절

1 모세를 부르셨어요

(출 1:8~2:10, 2:23~25, 3:1~4:20)

주제	하나님은 모세를 구하셨고, 모세를 통해 하나님의 백성을 구하셨어요.
예수님 생각하기	하나님은 모세를 구하셨고, 모세를 통해 이집트의 왕으로부터 하나님의 백성을 구하셨어요. 하나님은 아들이신 예수님을 통해 하나님의 백성을 더 좋은 길로 인도하세요. 하나님은 예수님을 이 땅에 보내 우리를 죄로부터 구원하셨어요.

단원 암송	출 14:13
성경의 초점	하나님의 계획은 무엇인가요? 하나님의 계획은 하나님의 백성을 구하시는 거예요.

모세가 태어났을 때 이스라엘 민족은 미움을 받고 있었습니다. 이스라엘(야곱)의 후손인 이스라엘 민족은 흉년을 피해 양식을 찾아 이집트에 살 터전을 마련했습니다. 이스라엘 민족이 번성하자 파라오는 위협을 느껴 그들을 노예로 만들어 버렸습니다. 그러나 그들의 수는 계속해서 늘어났고, 파라오는 인구를 통제하기 위해 상상할 수 없는 방법을 사용했습니다. 그것은 바로 갓 태어난 히브리 남자 아기를 모두 죽이는 것이었습니다.

모세의 이야기는 하나님의 통치하심을 보여 주는 명백한 사건입니다. 모세는 이집트의 공주에 의해 구원받았을 뿐 아니라 자기 어머니의 돌봄을 받았습니다. 모세는 파라오의 궁전에서 자랐고, 하나님께 부르심을 받기 전에 여러 해를 미디안 광야에서 보냈습니다.

불타는 떨기나무 가운데 나타나신 하나님과 모세의 만남을 생각해 보십시오. "모세야, 모세야!" 하나님은 혼란스러워하는 모세를 부르시고는 자신이 아브라함과 이삭과 야곱의 하나님이라고 말씀하셨습니다. 하나님은 자신이 은혜의 하나님임을 증명하셨습니다.

"내가 애굽에 있는 내 백성의 고통을 분명히 보고 그들이 그들의 감독자로 말미암아 부르짖음을 듣고 그 근심을 알고 … 이제 내가 너를 바로에게 보내어 너에게 내 백성 이스라엘 자손을 애굽에서 인도하여 내게 하리라"(출 3:7~10).

또한 하나님은 자신의 이름을 '스스로 있는 자'로 나타내셨습니다(출 3:14). 하나님에 대한 가장 기초적이고 확실한 사실은 하나님이 존재하신다는 것입니다. 하나님은 언제나 계셨고, 또 계실 것입니다. 하나님은 변하시지 않습니다. 하나님은 모세에게 자신이 어떠한 존재인지 알려 주셔서 사람들이 하나님을 믿도록 하셨습니다.

● ● 티칭 포인트

하나님이 하나님의 백성을 노예 생활에서 건져 내시기 위해 모세를 구하셨다는 사실을 아이들에게 알려 주십시오. 모세의 부르심이 어떻게 더 큰 부르심 및 구원과 연결되는지 강조해서 말해 주십시오. 그 부르심은 바로 이 땅에 오셔서 하나님의 백성을 죄에서 구원하신 예수님의 부르심입니다.

모세를 부르셨어요

출 1:8~2:10, 2:23~25, 3:1~4:20

요셉의 가족은 이집트에서 오랫동안 살았어요. 그들의 숫자는 점점 많아졌지요. 요셉의 후손은 '이스라엘 족속'(히브리 민족)이라는 이름으로 불렸어요. 그 이유는 요셉의 가족이 야곱, 즉 '이스라엘'의 가족에서 시작되었기 때문이에요.

요셉이 죽은 후 이집트 왕도 죽었고, 새 파라오가 이스라엘을 다스리게 되었어요. 새 파라오는 이스라엘 백성을 좋아하지 않았어요. 이스라엘 백성의 숫자가 많았기 때문에 그들을 두려워했지요. 그래서 그들에게 매우 힘든 일을 시켰어요. 그러나 이스라엘 백성은 힘든 일을 하면서도 계속해서 숫자가 늘어났어요!

파라오는 아기를 낳는 일을 돕는 산파들에게 명령했어요. "히브리 여인이 아들을 낳거든 죽게 하라!" 그러나 그들은 하나님을 두려워했기 때문에 파라오의 명령을 따르지 않았어요. 파라오는 매우 화가 났어요. 그래서 이번에는 모든 백성에게 명령했어요. "갓 태어난 히브리 남자 아기를 모두 나일강에 던져라!"

이때 한 히브리 여인이 아들을 낳았어요. 그녀는 아기를 살리고 싶어서 숨겼어요. 아기가 자라 더 이상 숨길 수 없게 되자 여인은 아기를 갈대로 만든 바구니에 누이고 나일강가 갈대 사이에 두었어요. 아기의 누나 미리암이 근처에서 숨어서 지켜보고 있었지요.

얼마 후 이집트의 공주가 목욕을 하러 나일강으로 왔어요. 그녀는 바구니에서 울고 있는 아기를 발견했어요. 공주는 아기를 불쌍히 여겨 키우기로 마음먹었어요. 공주는 아기를 자신의 아들로 키우고 싶어 했어요. 미리암은 공주에게 아기가 자랄 때까지 아기를 돌볼 유모를 구하면 어떻겠냐고 물었어요. 공주가 허락하자 미리암은 어머니를 불러와 아기를 돌보게 했어요. 공주는 아기의 이름을 '모세'라고 지었어요.

어른이 된 모세는 이집트를 떠나야 했어요. 모세는 수십 년 동안 목자로 살면서 양을 돌보았어요. 이집트에서는 왕이 죽고 새로운 왕으로 바뀌었지요. 그러나 새로운 왕도 이스라엘 백성을 힘들게 했어요. 이스라엘 백성은 하나님께 도와 달라고 부르짖었어요. 하나님은 그들의 고통스런 소리를 들으시고는 모세를 보내 이스라엘 민족을 도울 계획을 세우셨어요.

어느 날 모세는 떨기나무에 불이 붙은 것을 보았어요. 그런데 떨기나무는 불타지 않았어요. 하나님이 떨기나무 가운데서 모세를 부르셨어요. "모세야, 모세야!" 그러자 모세는 "제가 여기 있습니다"라고 대답했어요. 하나님은 모세에게 발에서 신을 벗으라고 말씀하셨어요. "내 백성의 고통을 내가 보았다. 이제 네가 내 백성 이스라엘 자손을 이집트에서 인도해 내가 준비한 땅으로 데려가라."

모세는 하나님께 여쭈었어요. '사람들이 하나님의 이름이 무엇이냐고 물으면 제가 무엇이라고 그들에게 대답해야 할까요?" 하나님은 이렇게 말씀하셨어요. "나는 스스로 있는 자이니라. 너는 이스라엘 자손에게 '스스로 있는 자가 나를 너희에게 보내셨다'라고 하라."

그리고 하나님은 모세가 해야 할 일이 쉽지 않을 것이라고 말씀하셨어요. 이집트의 파라오 왕은 "안 된다"라고 대답하겠지만, 언젠가 이스라엘 백성을 보내 줄 것이라고 약속하셨어요.

모세는 "저는 말을 잘하지 못합니다. 오! 주여, 보낼 만한 자를 보내소서"라고 하며 주저했어요. 하나님은 모세에게 화를 내셨지만 모세의 형인 아론을 모세와 함께 보내셨어요.

● ● 예수님 생각하기

하나님은 모세를 구하셨고, 모세를 통해 이집트의 왕으로부터 하나님의 백성을 구하셨어요. 하나님은 아들이신 예수님을 통해 하나님의 백성을 더 좋은 길로 인도하세요. 하나님은 예수님을 이 땅에 보내 우리를 죄로부터 구원하셨어요.

가스펠 준비

싱글벙글 😊 환영해요

"여호와 나를 구원하셨네"(지도자용 팩)를 튼다. 아이들을 반갑게 맞이하며 헌금과 기도를 도와준다. 예배 중 헌금 순서가 있다면 아이들이 헌금을 잘 간수하도록 돕는다. 가방과 외투를 정리하도록 안내한다. 새로 온 아이가 있다면 음수대와 화장실의 위치를 알려 주고, 보호자와 만나는 시간과 방법 등을 소개한다. 보호자들을 위한 안내문을 붙여 아이와 만나는 시간, 기다리는 장소, 헌금 방법, 아이에 대한 특별한 주의 사항을 교사에게 미리 알려 주기 등을 공지한다.

너랑 나랑 😊 마음 열기

주제와 관련 있는 퍼즐이나 블록 등 아이들이 좋아하는 장난감을 몇 가지 비치해 두고 다양한 활동을 하며 예배를 준비하거나 예배 장소 및 친구들과 익숙해지도록 돕는다. 아이들이 마음을 열고 오늘의 주제에 관심을 갖게 하며 예배에 집중할 수 있도록 도와준다. 교회 형편에 맞게 시간과 활동 방법을 조절한다.

아기를 돌보아요 ✱

준비물 ▶ 아기 인형, 겉싸개, 바구니

❶ 아기 인형과 겉싸개로 아기를 감싸는 시범을 보여 주면서 아기를 어떻게 돌보아야 하는지에 대해 이야기를 나눈다.

❷ 아이들에게 아기 인형과 겉싸개를 나누어 주고 아기를 돌볼 수 있도록 지도한다. 겉싸개로 감싼 아기 인 형을 바구니에 넣어 보도록 도와준다.

> **인도자** 오늘의 성경 이야기에서 이스라엘 백성은 이집트에 살고 있었어요. 요셉이 죽고 나서 새로운 파라오가 이집트를 다스렸어요. 새로운 파라오는 이스라엘 백성을 싫어해서 그들을 괴롭혔고, 해치려고 했어요. 하지만 하나님이 아기 모세를 돌보아 주셨어요. 모세는 하나님의 계획에 따라 이스라엘 백성을 구하게 될 거예요.

성경책을 비교해 보아요 ✱

준비물 ▶ 다양한 종류의 성경책

❶ 다양한 종류의 성경책을 아이들에게 제시한다.

❷ 아이들에게 성경책을 만져 보고 펼쳐 보며 비교하는 시간을 잠시 준 후 자신들의 말로 표현해 보도록 한다.

> **tip** 아이들이 성경책을 비교하는 일을 돕기 위해 질문을 해도 좋다.

예) "어떤 색깔의 성경책을 좋아하나요?", "어떤 성경책이 더 큰가요?", "어떤 성경책에 그림이 많나요?" 등.

> **인도자** 여기에 있는 성경책은 모두 다르게 생겼어요. 하지만 안에 기록된 내용은 모두 같답니다! 성경은 사람들이 하나님의 말씀을 받아 적은 책이에요. 우리는 성경을 통해 하나님과 하나님의 아들이신 예수님에 대해 배울 수 있어요.
> 오늘 우리는 하나님이 아브라함에게 하신 약속을 지키셔서 이스라엘 백성을 이집트에서 구해 내신 일에 대해 배울 거예요. 때가 되면 하나님은 약속을 지키셔서 예수님을 이 땅에 보내 하나님의 백성을 죄에서 구원하실 거예요.

 **예배 대형으로 모이기**

- 카운트다운 영상, 모이기 노래 등을 활용해 예배 대형으로 바꾸고 마음을 준비하게 한다.
- 공간을 이동해야 한다면 간단한 리듬에 맞춰 손뼉을 치며 가도록 한다.

가스펠 설교

 하나 ─ 들어가기

준비물 ▶ 가방, 직업을 알려 주는 물건들(소방관 모자, 청진기, 주사기, 경찰 배지 등)

가방에 직업을 알려 주는 물건들을 넣어 둔다. 아이들에게 한 명씩 앞으로 나와 가방 속 물건을 하나 꺼낸 후 어떤 직업을 가진 사람들이 사용하는 물건인지 답해 보라고 한다. 물건을 꺼낸 아이가 답하지 못할 경우 앉아 있는 아이들에게 묻는다.

여기에 있는 물건들은 어떤 사람들이 자신의 일을 할 때 사용하는 것들이에요. 여러분은 커서 어떤 일을 하는 사람이 될지 생각해 보았나요? 오늘의 성경 이야기에서 하나님은 모세라는 사람을 위한 특별한 일을 준비하셨어요.

둘 ─ 성경 이야기

출애굽기 1~4장을 편다. 설교 영상(지도자용 팩)을 보여 주거나 이야기 성경을 들려준다.

하나님은 성경을 통해 우리에게 하나님의 말씀을 주셨어요. 성경 속의 이야기들은 모두 실제로 일어났던 일이에요. 하나님의 말씀은 진리예요. 오늘의 성경 이야기는 이집트에서 노예로 살았던 이스라엘 백성의 이야기예요. 성경의 '출애굽기'에 나온답니다.

셋 ─ 메시지와 정리

하나님은 모세를 구하셨고, 모세를 통해 이집트의 왕으로부터 **하나님의 백성을 구하셨어요.** 하나님은 아들이신 예수님을 통해 사람들이 더 놀라운 방법으로 구원받게 하셨어요. 하나님은 예수님을 이 땅에 보내 우리를 죄로부터 구원하셨어요.

'가스펠 프로젝트_하나님의 구원 계획' 영상(지도자용 팩)을 보여 주고 오늘의 성경 이야기도 하나님의 거대한 구원 계획의 한 부분에 속하는 이야기임을 상기시킨다. 연대표(지도자용 팩)를 가리키면서 복습 질문을 한다.

1. 모세의 어머니는 왜 모세를 나일강가 갈대 사이에 숨겨 두었나요? 모세를 보호하려고
2. 모세를 발견한 사람은 누구인가요? 파라오의 딸, 이집트의 공주
3. 불타는 떨기나무 가운데서 모세에게 말씀하신 분은 누구이신가요? 하나님
4. 하나님은 모세에게 무엇을 하라고 말씀하셨나요? 이스라엘 백성을 이집트에서 인도해 내라고 말씀하셨다

넷 ― 성경의 초점

1단원의 '성경의 초점' 질문과 답은 **"하나님의 계획은 무엇인가요?"**, **"하나님의 계획은 하나님의 백성을 구하시는 거예요"**랍니다. 이집트의 왕 파라오는 하나님의 백성 이스라엘 민족을 해쳤어요. **하나님은 모세를 구하셨고, 모세를 통해 하나님의 백성을 구하셨어요.** 우리는 죄로 인해 죽어야 했지만 하나님은 예수님을 이 땅에 보내 우리를 죄로부터 구원하셨어요! 하나님은 언제나 하나님의 백성을 구원하세요.

다섯 ― 복음 초청

아이들에게 '복음'이라는 말을 들어 본 적이 있는지 물어본다.
'복음'이라는 말을 들어 본 적이 있나요? 복음이란 '좋은 소식'이라는 뜻이에요. 우리에게 보내신 하나님의 좋은 소식이 무엇일까요?
성경과 104쪽 복음 초청 가이드를 이용해서 아이들에게 그리스도인이 되는 법을 설명해 준다. 때로 상담해 줄 사람을 정해 주고 궁금한 점이 있으면 물어보도록 격려한다.
이 시간 예수님을 믿고 마음에 모시고 싶은 친구는 함께 기도해요.

여섯 ― 기도

하나님, 모세를 부르셔서 이스라엘 백성을 구해 주신 것처럼, 우리를 구원하시려그 예수님을 보내 주신 사랑에 감사드려요. 하나님의 사랑을 기억하며 하나님께 기쁨을 드리는 삶을 살게 해 주세요. 예수님의 이름으로 기도합니다. 아멘.

일곱 ― 암송송

성경에서 출애굽기 14장 13절을 펴고 큰 소리로 여러 번 따라 읽게 한다.
1단원 암송 구절에서 볼 수 있듯이, 하나님은 모세를 통해 놀라운 일을 많이 하셨어요. 모세는 하나님이 사용하신 도구였답니다. 하나님이야말로 모든 놀라운 일을 행하신 분이며 찬양받으셔야 하는 분이세요.
암송송(137쪽)에 맞추어 손유희를 하며 말씀을 익힌다.
"모세가 백성에게 이르되 너희는 두려워하지 말고 가만히 서서 여호와께서 오늘 너희를 위하여 행하시는 구원을 보라 너희가 오늘 본 애굽 사람을 영원히 다시 보지 아니하리라"(출 14:13).

tip 전체 구절 암송이 어려운 경우에는 표시 부분을 발췌해 외워도 좋다.

가스펠 소그룹

알콩달콩 💬 **말씀 놀이**

아기 모세를 살려 주세요!

준비물 ▶ 유치부 교재 4, 35쪽 '아기 모세 인형', 클립, 막대자석, 파란색 색연필

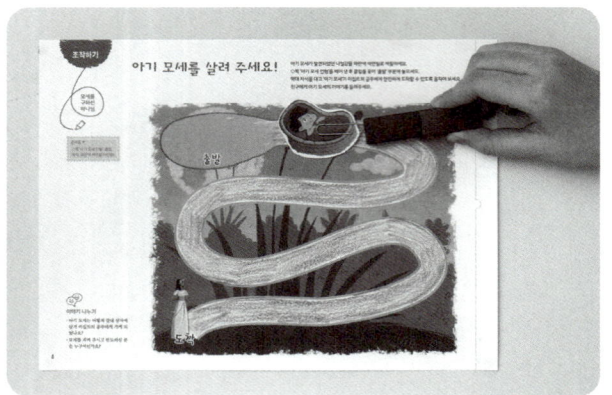

이야기 나누기
- 아기 모세는 어떻게 갈대 상자에 담겨 이집트의 공주에게 가게 되었나요?
- 모세를 지켜 주시고 인도하신 분은 누구이신가요?

❶ 아기 모세가 발견되었던 나일강을 파란색 색연필로 색칠하게 한다.

❷ 유치부 교재 35쪽 '아기 모세 인형'을 떼어 낸 후 클립을 꽂아 '출발'에 놓게 한다.

❸ 클립에 막대자석을 대고 '아기 모세'가 이집트의 공주에게 안전하게 도착하도록 움직여 보라고 말한다.

❹ 아이들이 친구에게 모세의 이야기를 들려줄 수 있도록 격려한다.

> **tip** 자유롭게 이야기를 나눌 수 있도록 시간을 충분히 주고, 도움이 필요한 경우 질문을 곁들이며 격려해 준다.

> **인도자** 하나님은 아기 모세를 보호하셨어요. 파라오의 딸이 나일강가에서 바구니에 담긴 아기 모세를 발견하게 하신 거예요. 하나님이 모세를 구하신 중요한 이유가 있어요. **하나님은 모세를 구하셨고, 모세를 통해 하나님의 백성을 구하셨어요.** 하나님은 모세를 사용해 이스라엘 백성을 이집트 사람들로부터 구하셨어요. 먼 훗날 하나님은 예수님을 이 땅에 보내 하나님의 백성을 죄로부터 구원하셨어요.

나일강이 되어 보아요 ✱

준비물 ▶ 나일강 사진이나 영상, 파란색 대형 비닐, 박스 테이프, 아기 인형, 바구니

❶ 아기 모세가 발견되었던 나일강에 대한 사진이나 영상을 아이들과 함께 관람한다.

❷ 파란색 대형 비닐 3~4장을 박스 테이프를 이용해 길게 붙여 '나일강'을 만들어 둔다.

❸ 아이들을 어깨 너비 간격을 둔 채 두 줄로 세운다.

❹ 아이들을 서로 마주 보게 하고, 인도자가 준비해 둔 '나일강'을 맞잡게 한다.

> **tip** 아이들에게 '나일강'을 맞잡은 팔을 흔들어 물결을 만들어 보라고 한다.

❺ 인도자가 '나일강'에 아기 인형을 담은 바구니를 띄운다. 이 아기가 바로 모세라고 말해 준다.

❻ 아이들에게 '나일강'을 흔들어 아기 모세가 강 끝까지 이동할 수 있도록 도와주라고 한다.

> **인도자** 하나님은 모세에게 특별한 계획을 갖고 계셨어요. 여러분은 아기 모세가 자라서 어떤 일을 했는지 기억하고 있나요? **하나님은 모세를 구하셨고, 모세를 통해 하나님의 백성을 구하셨어요.** 그리고 하나님은 예수님을 이 땅에 보내셔서 우리를 죄로부터 구원하셨어요.

모세가 살던 곳은 어디일까요? *

준비물 ▶ 138쪽 '성경 시대 지도', 스티커(포스트잇)

❶ 138쪽 '성경 시대 지도'를 보여 주고 아이들이 관찰할 수 있도록 시간을 충분히 준다.

❷ 모세가 살았던 지역인 이집트와 나일강, 광야, 홍해, 그리고 모세가 이스라엘 백성을 인도할 약속의 땅 가나안의 위치를 알려 준다. 이때 아이들이 스티커를 이용해 지도상에 표시해 볼 수 있도록 한다.

❸ 아이들이 인도자의 설명을 따라 손가락으로 지도상의 지명을 가리키며 모세 이야기를 떠올리도록 도와준다.

> **인도자** 모세가 태어나기 오래전에 하나님은 아브라함에게 그의 후손이 이집트에서 *이집트를 가리킨다.* 오랫동안 노예 생활을 하게 될 것이라고 말씀하셨어요. 그러나 하나님은 누군가를 보내 그들을 이집트에서 인도해 아브라함의 자손에게 주기로 약속하신 땅으로 이끄실 것도 말씀하셨어요. *약속의 땅 가나안을 가리킨다.* 모세의 어머니가 모세를 바구니에 담아 나일강에 두자, *나일강을 가리킨다.* **하나님은 모세를 구하셨고, 모세를 통해 하나님의 백성을 구하셨어요.** 하나님은 아들이신 예수님을 통해 더 놀라운 방법으로 우리를 죄로부터 구원하셨어요.

찰흙으로 갈대 바구니를 만들어요 *

준비물 ▶ 찰흙

❶ 아기 모세가 누웠던 바구니를 만들어 보자고 말하고, 찰흙으로 바구니를 만드는 시범을 보인다.

> **tip** 동그랗게 반죽해서 가운데를 눌러 만들거나 찰흙을 밀어 얇은 줄로 만든 뒤 돌돌 말아 쌓아서 만들어도 좋다.

❷ 아이들에게 찰흙으로 바구니와 아기 모세 인형을 만든 뒤 아기 모세 인형을 바구니에 담으라고 한다.

> **인도자** 모세의 어머니는 파라오의 딸이 모세를 발견해 아들로 키우게 되리라고는 전혀 생각하지 못했어요! **하나님은 모세를 구하셨고, 모세를 통해 하나님의 백성을 구하셨어요.** 하나님은 아들이신 예수님을 이 땅에 보내 우리를 죄로부터 구원하셨어요.

 **간식**

소곤소곤 꿀~떡

준비물 ▶ 사과, 꿀

❶ 카운트다운 영상, 정리하기 노래 등을 활용해 활동이 끝났음을 알린다. 아이들에게 주변을 정리하게 하고, 화장실에 가거나 물티슈 등을 이용해 손을 씻을 시간을 준다.

❷ 감사 기도를 드리고 사과와 꿀을 간식으로 나누어 준다. 아이들에게 하나님이 모세를 통해 이스라엘 백성을 이집트에서 이끌어 내어 약속의 땅 가나안으로 인도하실 것이라는 하나님의 약속을 떠올려 준다. 약속의 땅 가나안은 사과 같은 과일과 꿀처럼 먹을 것이 풍부한 땅이었다고 말해 준다.

❸ 간식을 먹은 후 마무리 정리를 잘하도록 지도한다.

 **마무리**

오순도순

준비물 ▶ 유치부 교재 39쪽 메시지 카드, 펀치, 카드 고리, 소그룹 활동지, 파일

❶ 카드를 떼고 펀치로 구멍을 뚫어 고리로 연결하게 한다.

> **가족과 활동해요**
> • 가족과 함께 갓난아기 때 찍은 사진을 보세요. 시편 139편 13~16절을 읽고, 우리 가족을 위한 하나님의 계획에 대해 이야기를 나누어 보세요.
> • 이웃 중에 아기가 태어났거나 입양한 가정이 있다면 음식이나 옷을 준비해 선물해 보세요.

❷ 가방이나 지갑에 고리를 끼워 항상 휴대하면서 오늘 배운 성경 이야기를 수시로 기억하게 하고, 가족과도 함께 나눌 수 있도록 격려한다.

tip 한 주에 한 장씩 나누어도 좋고, 11과 메시지 카드를 모두 떼어 구약 2권의 메시지 카드철을 만들어도 좋다.

❸ 소그룹 활동지를 떼어 파일에 끼우고 가방에 정리하게 한다.

❹ 아이들의 기도 제목을 물어보고 기도로 마무리한다.

> 인도자 사랑의 하나님, 모세를 구하셔서 모세를 통해 하나님의 백성을 구해 주셔서 감사해요. 또한 아들이신 예수님을 보내 십자가에서 죽으시고 부활하게 하셔서 우리를 죄로부터 구원해 주셔서 감사해요. 우리가 하나님을 더욱 사랑하고 신뢰할 수 있게 도와주세요. 예수님의 이름으로 기도합니다. 아멘.

❺ 아이를 데리러 온 부모에게 아이가 특별히 즐거워했거나 잘했던 활동들에 대해 이야기해 주고, 가정에서 성경 읽기와 가족 활동을 진행할 수 있도록 격려한다.

 **나만의 기록장**

불타는 떨기나무 그리기

2

이스라엘 백성은
재앙을
피했어요

[출 5:1~13:16]

주제   하나님은 유월절에 이스라엘 백성을 구하셨어요.

예수님 생각하기   하나님은 이스라엘 백성에게 은혜를 주셨어요. 어린양의 피로써 그들이 받아야 할 심판으로부터 구원하셨지요. 예수님은 하나님의 어린양으로서 세상 죄를 대신 지셨어요. 예수님을 구주로 믿고 그분의 ★보혈 아래 있는 사람은 마지막 심판을 피할 수 있어요.

★보혈 : 예수님이 우리를 위해 흘리신 피

단원 암송   출 14:13

성경의 초점   하나님의 계획은 무엇인가요?
하나님의 계획은 하나님의 백성을 구하시는 거예요.

하나님은 이집트에 있는 이스라엘 백성을 노예 생활에서 구할 계획을 세우셨습니다. 하나님은 그 구원 계획을 위해 모세를 부르셨고, 아론으로 하여금 돕게 하셨습니다. 파라오는 하나님의 권위를 인정하지 않았습니다. "여호와가 누구이기에 내가 그의 목소리를 듣고 이스라엘을 보내겠느냐"(출 5:2). 파라오는 하나님에 대해 마음을 완악하게 했지만 이 모든 것은 그와 온 이집트에 하나님이 누구이신지를 보이시려는 하나님의 계획 가운데 있었습니다.

먼저, 하나님은 여러 종류의 재앙을 보내셔서 이집트를 만신창이로 만드셨습니다. 재앙은 이집트 사람들에게 하나님이 누구이신지를 보여 주고 그들을 가르치시기 위한 심판이었습니다. 출애굽기 8장 19절, 9장 20, 27절, 10장 7절을 읽어 보십시오.

열 번째 재앙은 이집트 사람들에게 가장 큰 영향을 미쳤습니다. 하나님은 모세에게 밤중에 이집트에 있는 모든 장자가 죽을 것이라고 말씀하셨습니다. 누구도 피할 수 없었습니다. 가축들도 처음 난 것은 모두 죽게 될 것이었습니다. 그러나 이스라엘 백성에게는 특별한 지시를 내리셨습니다. 이스라엘 백성은 어린양을 잡아 그 피를 문 인방과 좌우 문설주에 발라야 했습니다. 어린양의 피는 이스라엘 백성과 이집트 사람을 구별하는 표적이 되었습니다. 하나님은 "내가 피를 볼 때에 너희를 넘어가리니"(출 12:13)라고 말씀하셨습니다. 이스라엘 백성은 이집트 사람들과 마찬가지로 죽어 마땅한 죄인이었습니다. 그러나 하나님은 은혜로 그들에게 길을 열어 주셨습니다. 어린양의 피를 문 인방과 좌우 문설주에 바름으로써 이스라엘 백성은 그들이 마땅히 받아야 할 심판을 피할 수 있었습니다. 어린양이 대신 죽임을 당했기 때문입니다.

그리스도인은 흠 없고 점 없는 어린양 같은 그리스도의 보배로운 피로 구원받았습니다(벧전 1:19). 예수님의 죽음은 궁극적인 희생이었으며, 이로 인해 보혈 아래 있는 자들은 마지막 심판을 피해 갈 수 있게 되었습니다. 하나님은 유월절을 통해 죄인이 하나님으로 인해 온전하게 되는 은혜의 섭리를 보이셨습니다. 복음의 핵심은 유월절 이야기에 나타납니다. 예수님은 결코 죄가 없으셨지만 우리의 죄를 위해 십자가에 달리셨습니다. 우리는 죽어 마땅하지만 예수님이 우리 대신 죽임을 당하셨습니다.

● ● **티칭 포인트**

유월절 이야기를 나누며 아이들이 진정 흠 없는 어린양이신 예수님에 대해 생각해 보도록 도와주십시오. "보라 세상 죄를 지고 가는 하나님의 어린양이로다"(요 1:29).

이스라엘 백성은 재앙을 피했어요

출 5:1~13:16

하나님은 모세를 구하셨고, 모세를 통해 하나님의 백성을 노예 생활로부터 구할 계획을 세우셨어요. 하나님은 모세를 지도자로 세우셨고, 형 아론이 돕게 하셨어요. 모세와 아론은 하나님의 명령을 따라 파라오왕에게 가서 말했어요. "이스라엘의 하나님 여호와께서 '내 백성을 보내라'라고 하셨습니다!" 그러나 파라오는 "나는 여호와가 누구인지 모르니 이스라엘을 보내지 않을 것이다!"라고 말하면서 이스라엘 백성을 보내지 않았어요. 그러자 하나님은 이집트에 여러 재앙을 내리셨어요.

첫 번째 재앙으로 나일강의 물이 피로 변했어요. 아무도 나일강 물을 마실 수 없었지요. 모세는 "이스라엘 백성을 보내 주십시오!"라고 말했어요. 그러나 파라오는 "안 된다!"라고 대답했어요. 두 번째로, 하나님은 개구리를 보내셨어요. 온 땅에 개구리가 나타났어요! 파라오왕은 "개구리를 떠나게 하면 백성을 보내겠다"라고 말했지만 하나님이 개구리 떼를 모두 쫓아 주시자 마음이 바뀌었어요.

하나님은 세 번째로 이를 보내시고, 네 번째로 파리 떼를 보내셨어요. 파라오는 이스라엘 백성을 보내겠다고 하더니 또 마음을 바꾸었지요. 다섯 번째로, 하나님은 이집트의 모든 가축을 죽게 하셨어요. 말, 당나귀, 양과 같은 가축들이 모두 죽었어요. 모세는 "이스라엘 백성을 보내 주십시오!"라고 말했지만 파라오는 "안 된다!"라고 대답했어요.

여섯 번째로, 하나님은 이집트에 있는 모든 사람에게 악성 종기가 생기게 하셨어요. 그러나 파라오는 또다시 "안 된다!"라고 말했어요. 일곱 번째로, 하나님은 이집트 땅에 우박을 내리셨어요. 이집트라는 나라가 생긴 후 그와 같은 일은 처음이었지요. 파라오는 "보내 줄 테니 가라!"라고 말했어요. 하지만 우박이 멈추자 곧 "안 된다!"라고 말했어요.

여덟 번째로, 하나님은 메뚜기 떼를 보내 식물을 다 먹어 버리게 하셨어요. 파라오는 뉘우치는 듯하더니 메뚜기 떼가 떠나자 이스라엘 백성을 보내지 않았어요. 아홉 번째로, 하나님은 이집트 땅 위에 3일 동안 캄캄한 흑암이 있게 하셨어요. 그러나 파라오는 이스라엘 백성을 보내 달라는 모세에게 "안 된다!"라고 말했어요.

하나님이 모세에게 말씀하셨어요. "내가 이제 한 가지 재앙을 파라오와 이집트에 내린 후에야 그가 너희를 여기서 내보내 줄 것이다." 모세는 파라오에게 경고했어요. "밤중에 이집트 땅에 있는 모든 처음 난 것이 죽을 것입니다. 그러나 이스라엘 자손은 안전할 것입니다." 하지만 파라오는 모세의 말을 무시했어요. 그러자 하나님이 계획하신 열 번째 재앙이 임했어요.

하나님은 모든 이스라엘 백성에게 어린양을 잡아 그 피를 문틀 양 옆과 위쪽에 바르라고 하셨어요. 그 피는 이스라엘 백성을 위한 특별한 표시가 되어 하나님이 그 피를 보시고 그들을 '넘어가셔서' 재앙이 그들에게 임하지 않게 할 것이었어요. 밤중에 하나님이 이집트의 모든 처음 난 것을 죽게 하셨어요. 그러나 하나님이 말씀하신 대로 어린양의 피를 바른 이스라엘 백성은 무사했어요. 이스라엘 백성에게 재앙이 임하지 않은 것을 기념하는 날을 유월절이라고 한답니다. 파라오가 말했어요. "가라! 이집트에서 떠나 여호와를 섬겨라!" 이스라엘 백성은 속히 이집트를 떠났답니다.

●● **예수님 생각하기**

하나님은 이스라엘 백성에게 은혜를 주셨어요. 어린양의 피로써 그들이 받아야 할 심판으로부터 구원하셨지요. 예수님은 하나님의 어린양으로서 세상 죄를 대신 지셨어요. 예수님을 구주로 믿고 그분의 보혈 아래 있는 사람은 마지막 심판을 피할 수 있어요.

가스펠 준비

싱글벙글 ── 😊 **환영해요**

"여호와 나를 구원하셨네"(지도자용 팩)를 튼다. 아이들을 반갑게 맞이하며 헌금과 기도를 도와준다. 예배 중 헌금 순서가 있다면 아이들이 헌금을 잘 간수하도록 돕는다. 가방과 외투를 정리하도록 안내한다. 새로 온 아이가 있다면 음수대와 화장실의 위치를 알려 주고, 보호자와 만나는 시간과 방법 등을 소개한다. 보호자들을 위한 안내문을 붙여 아이와 만나는 시간, 기다리는 장소, 헌금 방법, 아이에 대한 특별한 주의 사항을 교사에게 미리 알려 주기 등을 공지한다.

너랑 나랑 ── 😊 **마음 열기**

주제와 관련 있는 퍼즐이나 블록 등 아이들이 좋아하는 장난감을 몇 가지 비치해 두고 다양한 활동을 하며 예배를 준비하도록 돕는다. 아이들이 마음을 열고 오늘의 주제에 관심을 갖게 하며 예배에 집중할 수 있도록 도와준다. 교회 형편에 맞게 시간과 활동 방법을 조절한다.

유월절의 뜻을 알아보아요 *

준비물 ▶ 마스킹 테이프, 방석, 종이, 사인펜, 셀로판테이프

❶ 마스킹 테이프를 이용해 방석 2개를 놓을 수 있을 만한 너비의 길을 만들어 둔다.

❷ 종이에 '재앙'이라는 글자를 써서 방석에 붙인 후 그 방석을 길 위에 다양한 모양으로 놓아 둔다.

❸ 아이들을 길 앞에 한 줄로 세우고, 한 명씩 길을 지나가되 '재앙'을 피해서 가라고 말해 준다.

❹ 모든 아이가 '재앙'을 건드리지 않고 도착할 수 있도록 활동을 반복해 진행한다.

> tip '재앙'을 건드린 아이는 줄 맨 끝으로 가서 다시 시작할 수 있게 한다.

> **인도자** 오늘의 성경 이야기는 유월절에 관한 내용이에요. 유월절은 재앙이 이스라엘 백성의 집을 '넘어간' 사건을 기념하는 날이랍니다. 이스라엘 백성은 하나님이 선택하신 민족이라는 것을 기억하세요.

대문 놀이를 해요 *

준비물 ▶ 찬양

> tip '동 동 동대문을 열어라' 게임을 활용한 활동이다.

❶ 교사 2명이 손을 맞잡은 채 위로 올려 '대문'을 만든다.

❷ '대문' 앞에 아이들을 한 줄로 세운 후 다 같이 찬양을 부르며 한 명씩 통과하게 한다.

> tip 아이들 수가 적을 경우 대문을 반복해서 통과하게 한다.

❸ 찬양이 끝날 때쯤 교사들이 손을 내려 대문을 닫는다.

❹ 대문에 걸린(교사들에게 잡힌) 아이에게 인도자가 "너는 누구니?"라고 질문한다. 이때 아이에게 "나는 하나님의 백성이에요!"라고 대답하면 대문이 열려 나갈 수 있다고 말해 준다.

❺ 모든 아이가 한 번씩 답할 수 있도록 반복해서 활동한다.

> tip 가능하면 짧은 찬양을 선정해 부르는 것이 좋다.

> **인도자** 이집트 땅에 재앙이 덮쳤을 때 이스라엘 백성만은 재앙을 피할 수 있었어요. 어떻게 그런 일이 일어날 수 있었을까요? 하나님이 그들을 어떻게 도와주셨을까요? 오늘의 성경 이야기를 통해 알아보도록 해요.

예배 대형으로 모이기

- 카운트다운 영상, 모이기 노래 등을 활용해 예배 대형으로 바꾸고 마음을 준비하게 한다.
- 공간을 이동해야 한다면 이스라엘 백성이 이집트를 떠났을 때처럼 재빨리 가도록 한다.

가스펠
설교

 하나 **들어가기**

준비물 ▶ 기념이 되는 물건들

아이들에게 인도자에게 기념이 되는 물건을 몇 가지 소개한다. 기념품을 보면 무엇이 생각나는지 물어본다. 이스라엘 백성이 유월절 만찬을 통해 하나님이 이스라엘에게 행하신 놀라운 일을 기념한 것처럼, 예수님이 오신 후 교회는 성찬식을 통해 예수님이 우리를 위해 행하신 일을 기념한다고 설명해 준다.

하나님은 모세에게 이스라엘 백성을 구하겠다고 약속하셨어요. 그리고 열 번째 재앙이 임했을 때 이스라엘 백성에게 특별한 지시를 내려 주셔서 그들이 보호받을 수 있게 하셨어요. 하나님은 이스라엘 백성에게 매년 유월절 만찬을 통해 하나님이 그들을 기억하신 일을 기념하게 하셨어요.

둘 **성경 이야기**

출애굽기 5~13장을 편다. 설교 영상(지도자용 팩)을 보여 주거나 이야기 성경을 들려준다.

성경을 보면 하나님이 어떤 분이신지 알 수 있어요. 성경은 하나님의 말씀이기 때문이에요. 하나님의 말씀은 모두 진짜예요. 오늘 듣게 될 성경 이야기는 '출애굽기'에 나온답니다.

셋 **메시지와 정리**

하나님은 자신이 오직 한 분, 진짜 하나님임을 이집트 사람들에게 보여 주셨어요. 모세를 부르셔서 이스라엘 백성을 이집트에서 나오게 하셨지요. 파라오왕의 반대가 있었지만 하나님의 계획은 이루어졌어요. **하나님은 유월절에 이스라엘 백성을 구하셨어요.** 하나님은 예수님을 믿는 사람을 죄에서부터 인도하셔서 하나님과 영원히 살도록 도와주세요.

연대표(지도자용 팩)를 가리키면서 복습 질문을 한다.

1. 하나님은 왜 이집트에 10가지 재앙을 보내셨나요? 자신이 오직 한 분, 진짜 하나님임을 이집트 사람들에게 보여 주시려고
2. 10가지 재앙 중에 한 가지만 말해 보세요. 나일강이 피로 변함, 개구리, 이, 파리 떼, 가축의 죽음, 악성 종기, 우박, 메뚜기 떼, 흑암, 장자의 죽음

3. 이스라엘 백성은 열 번째 재앙이 임할 때 하나님이 그들의 집을 '넘어가시게' 하기 위해 문틀 양 옆과 위쪽에 무엇을 발라 표시했나요? 어린양의 피

4. 10가지 재앙 후 파라오는 모세와 아론에게 어떻게 하라고 했나요? 이집트에서 떠나 여호와를 섬기라고 했다

넷 ― 성경의 초점

1단원의 '성경의 초점'은 **"하나님의 계획은 무엇인가요?"**, **"하나님의 계획은 하나님의 백성을 구하시는 거예요"**랍니다. 하나님은 이스라엘 백성을 사랑하셔서 그들을 구하셨어요. 하나님은 모세를 통해 이스라엘 백성을 이집트에서 구하셨어요. 그리고 아들이신 예수님을 보내 하나님의 백성을 죄로부터 구원하셨어요.

다섯 ― 복음 초청

성경과 104쪽 복음 초청 가이드를 이용해서 아이들에게 그리스도인이 되는 법을 설명해 준다. 따로 상담해 줄 사람을 정해 주고 궁금한 점이 있으면 물어보도록 격려한다.

이 시간 예수님을 믿고 마음에 모시고 싶은 친구는 함께 기도해요.

여섯 ― 기도

하나님, 하나님이 이스라엘 백성을 구하기 위해 행하신 일들을 알아보았어요. 하나님의 계획은 하나님의 백성을 구하시는 거예요. 하나님, 우리도 하나님의 백성으로 삼아 주시고, 우리를 구원하기 위해 예수님을 보내 주셔서 감사드려요. 예수님의 이름으로 기도합니다. 아멘.

일곱 ― 암송송

성경에서 출애굽기 14장 13절을 펴고 큰 소리로 여러 번 따라 읽게 한다.

1단원 암송 구절은 하나님이 이집트에 10가지 재앙을 내리시고 이스라엘 백성을 노예 생활에서 구할 능력을 가진 분이시라는 것을 보여 주어요. 또한 하나님은 십자가에서 죽으시고 부활하신 예수님을 통해 우리를 죄의 노예에서 구원하셨어요.

암송송(137쪽)에 맞추어 손유희를 하며 말씀을 익힌다.

"모세가 백성에게 이르되 너희는 두려워하지 말고 가만히 서서 여호와께서 오늘 너희를 위하여 행하시는 구원을 보라 너희가 오늘 본 애굽 사람을 영원히 다시 보지 아니하리라"(출 14:13).

tip 전체 구절 암송이 어려운 경우에는 표시 부분을 발췌해 외워도 좋다.

가스펠
소그룹

알콩달콩 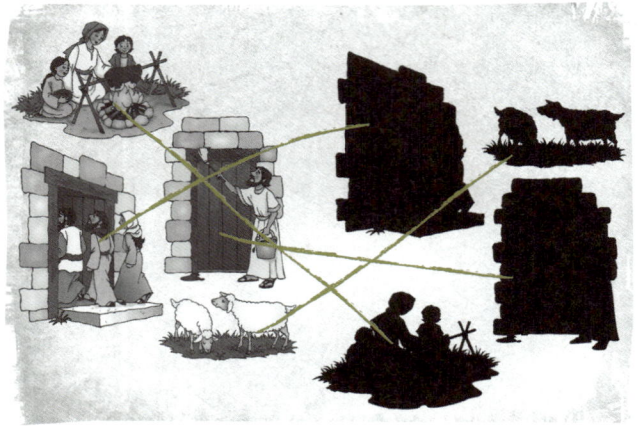 말씀 놀이

그림자를 찾아 주세요!

준비물 ▶ 유치부 교재 6쪽, 색연필

이야기 나누기
- 이스라엘 백성은 왜 문틀 양 옆과 위쪽에 어린양의 피를 발랐나요?
- 재앙이 그치자 이집트의 왕 파라오는 모세와 아론에게 무엇이라고 말했나요?

❶ 그림을 보며 오늘의 성경 이야기를 떠올려 준다. 이집트에 무서운 재앙이 내리기 전에 하나님은 이스라엘 백성에게 어린양을 잡아 그 피를 문틀 양 옆과 위쪽에 바르라고 하셨고, 그 고기는 불에 구워 먹으라고 말씀하셨다고 이야기해 준다.

❷ 각각의 그림에 해당하는 그림자를 찾아 선을 그어 연결해 보게 한다.

인도자 이 그림들은 모두 오늘의 성경 이야기에 나온 내용을 담고 있어요. 하나님은 10가지 재앙을 이집트에 보내셨어요. 파라오가 이스라엘 백성을 보내 주지 않기 때문이에요. 파라오는 자신이 하나님보다 더 훌륭하고 강하다고 생각했어요. 하지만 하나님은 자신이 오직 한 분, 진짜 하나님임을 이집트 사람들에게 보여 주셨어요. **하나님은 유월절에 이스라엘 백성을 구하셨어요.** 하나님이 이스라엘을 정말 사랑하셨기 때문에 이집트로부터 구해 주신 거예요. 또 하나님은 우리를 구원하기 위해 예수님을 보내 주셨어요. 예수님을 믿으면 죄로부터 벗어나 영원한 생명을 얻을 수 있어요.

박자 게임을 하며 약속의 땅으로 떠나요 *

❶ 아이들을 마주 보게 둥글게 세운 후 함께 할 동작을 정한다.
예) 무릎 두 번 치고 손뼉 두 번 치기, 양손을 위로 들어 손뼉 두 번 치고 양손을 아래로 내려 손뼉 두 번 치기 등.

❷ 아이들에게 박자에 맞추어 정한 동작을 하며 약속의 땅에 무엇을 가져갈지 돌아가며 말하게 한다. 여러 번 연습해서 박자와 동작을 익힌 후 진행하는 것이 좋다.
예) 약속의 땅으로! / 무엇을 가져갈까? / 약속의 땅으로! / ○○○(아이의 이름), △△△(물건 이름)!

❸ 모든 아이가 말할 때까지 활동을 반복한다.

> **인도자** 하나님은 모세를 보내 이스라엘 백성을 이집트로부터 구원하시고, 하나님이 아브라함에게 약속하신 땅으로 이끄셨어요. 하나님은 재앙을 통해 자신이 오직 한 분, 진짜 하나님임을 이집트 사람들에게 보여 주셨어요. **하나님은 유월절에 이스라엘 백성을 구하셨어요.** 하나님은 예수님을 이 땅에 보내셔서 우리를 죄로부터 구원하셨어요.

유월절 이어달리기 *

> 준비물 ▶ 덧신, 벨크로(찍찍이), 지팡이, 책상, 과자, 컬러 박스테이프

❶ 벨크로를 이용해 아이들의 허리 치수에 맞추어 허리띠 2개를 만들어 둔다.
❷ 아이들을 2팀으로 나눈 뒤 컬러 박스 테이프를 이용해 표시해 둔 출발선에 각각 한 줄로 세운다.
❸ 출발선에 덧신, 허리띠, 지팡이를 팀별로 하나씩 놓아 두고, 출발선 반대편에는 책상 위에 과자를 올려 둔다.
❹ 인도자가 "출발!"을 외치면 한 명씩 나와 덧신을 신고, 허리띠를 매고, 지팡이를 들고 출발해 과자를 먹고 돌아오라고 한다. 돌아온 후에는 덧신, 허리띠, 지팡이를 제자리에 놓아 두면 된다고 말해 준다.
❺ 모든 아이가 활동할 수 있도록 게임을 반복한다.

> **인도자** 이스라엘 백성은 재빨리 이집트를 떠났어요. 오랫동안 노예로 살면서 힘들게 지냈던 이스라엘 백성을 하나님이 구해 주신 거예요. **하나님은 유월절에 이스라엘 백성을 구하셨어요.** 하나님은 하나님의 백성을 끝까지 돌보시고 책임지시는 분이에요. 우리도 하나님의 백성이에요. 하나님은 우리를 위해 아들이신 예수님을 보내 주셨어요. 예수님을 믿으면 죄로부터 벗어나 영원한 생명을 얻게 돼요. 하나님은 우리를 정말 사랑하시고 위해 주세요!

짐 싸기 릴레이를 해요 *

> 준비물 ▶ 작은 배낭, 여행에 필요한 물건(치약, 옷, 수건 등), 컬러 박스테이프

❶ 아이들과 함께 여행에 어떤 물건을 가져가는 것이 좋은지 이야기를 나누어 보고, 준비한 물건들을 소개한다.
❷ 아이들을 2팀으로 나눈 뒤 컬러 박스 테이프를 이용해 표시해 둔 출발선에 각각 한 줄로 세운다.
❸ 출발선에 배낭을 팀별로 하나씩 놓아 두고, 출발선 반대편 바닥에 ❶을 놓아 둔다.
❹ 인도자가 "출발!"을 외치면 맨 앞에 선 아이에게 배낭을 메고 출발해 예배실 반대편으로 뛰어가 여행에 필요한 물건 하나를 집어서 배낭에 넣고 다시 제자리로 돌아오라고 한다. 배낭을 다음 주자에게 전달하고 맨 뒤로 가서 서라고 말해 준다.
❺ 마지막 아이가 빨리 돌아온 팀이 승리한다.

> **인도자** 이집트에서 430년을 보냈던 이스라엘 백성은 한밤중에 이집트를 떠날 준비를 했어요! **하나님은 유월절에 이스라엘 백성을 구하셨어요.** 하나님은 자신이 오직 한 분, 진짜 하나님임을 이집트 사람들에게 보여 주셨어요.

소곤소곤 꿀~꺽  간식

준비물 ▶ 납작한 모양의 빵

❶ 카운트다운 영상, 정리하기 노래 등을 활용해 활동이 끝났음을 알린다. 아이들에게 주변을 정리하게 하고, 화장실에 가거나 물티슈 등을 이용해 손을 씻을 시간을 준다.

❷ 감사 기도를 드리고 납작한 모양의 빵을 간식으로 나누어 준다. 아이들에게 하나님이 이스라엘 백성에게 유월절을 위해 납작한 빵처럼 생긴 무교병(빵을 부풀게 하는 누룩을 넣지 않고 만든 빵)을 만들어 이집트를 떠날 준비를 하라고 말씀하셨다고 이야기해 준다. 하나님은 이스라엘 백성을 구하셨고, 이스라엘 백성은 하나님이 그들을 이집트에서 인도해 내겠다는 약속을 지키셨음을 기억하기 위해 매년 유월절을 기념했다고 말해 준다.

❸ 간식을 먹은 후 마무리 정리를 잘하도록 지도한다.

오순도순  마무리

준비물 ▶ 유치부 교재 39쪽 메시지 카드, 소그룹 활동지, 파일

❶ 이번 주 메시지 카드로 부모님과 함께 오늘 배운 성경 이야기를 나누어 보라고 한다.

가족과 활동해요

• 이웃 가정을 초대해 함께 식사해 보세요. 우리 가족을 통해 그 가정에 복음이 전해질 수 있도록 기도하세요.

❷ 소그룹 활동지를 떼어 파일에 끼우고 가방에 정리하게 한다.

❸ 아이들을 위해 기도한다.

> 인도자 이스라엘 백성을 재앙으로부터 구해 주시고, 이집트에서 건져 내 주신 하나님을 기억해요. 또 우리를 구원하시려고 이 땅에 예수님을 보내 주신 것을 진심으로 감사해요. 하나님은 진실로 우리를 사랑하시고 위해 주시는 분이에요. 우리가 하나님을 언제나 믿고 따를 수 있도록 도와주세요. 예수님의 이름으로 기도합니다. 아멘.

❹ 아이를 데리러 온 부모에게 아이가 특별히 즐거워했거나 잘했던 활동들에 대해 이야기해 주고, 가정에서 성경 읽기와 가족 활동을 진행할 수 있도록 격려한다.

 나만의 기록장

이사 갈 때 가져가고 싶은 물건 그리기

3

홍해를
건넜어요

(출 13:17~15:21)

주제	이스라엘 백성이 홍해를 건넜어요.
예수님 생각하기	하나님은 이스라엘 백성에게 이집트 사람들을 피할 길을 만들어 주셨던 것처럼, 사람들에게 죄의 벌에서 피할 길을 만들어 주셨어요. 바로 예수님을 통해서예요. 예수님은 하나님께로 갈 수 있는 유일한 길이세요.

단원 암송	출 14:13
성경의 초점	하나님의 계획은 무엇인가요? 하나님의 계획은 하나님의 백성을 구하시는 거예요.

이스라엘 백성이 홍해를 건넌 일은 하나님이 강력한 힘으로 그들을 구원하신 사건으로 여러 세대에 걸쳐 기억되었습니다. 하나님은 이집트에 쏟아진 10가지 재앙을 통해 하나님의 능력을 명백히 보여 주셨고, 홍해 사건에서 더 강력한 힘을 보여 주셨습니다. 하나님은 이스라엘 백성을 광야 길로 인도하시는 대신 홍해로 방향을 바꾸심으로 이집트인들로 하여금 그들이 길을 잃었다고 생각하게 하셨습니다. 하나님은 일부러 파라오의 마음을 강퍅하게 하셔서 이스라엘을 뒤쫓게 하셨습니다. 왜 그러셨을까요? "내가 그와 그의 온 군대로 말미암아 영광을 얻어 이집트 사람들이 나를 여호와인 줄 알게 하리라"(출 14:4).

이스라엘 백성이 자신들을 추격해 오는 이집트 군대를 바라보면서 느꼈을 두려움을 상상해 보십시오. 그들은 모세에게 불평하며 두려움을 드러냈습니다(출 14:11). 모세는 그들을 진정시키기 위해 크게 외쳤습니다. "여호와께서 너희를 위하여 싸우시리니 너희는 가만히 있을지니라"(출 14:14).

하나님은 정말 이스라엘 백성을 위해 싸워 주셨습니다. 밤새 구름기둥으로 이집트의 전차 부대와 이스라엘 사이를 막아서셨고, 모세로 하여금 그의 손을 바다 위로 내밀게 하셨습니다. 하나님은 강력한 동풍으로 강물을 갈라놓으셨고, 이스라엘 백성은 믿음으로 마른 땅을 건너갔습니다(히 11:29)! 파라오와 이집트의 군대가 이스라엘을 쫓아왔을 때 물이 그들을 뒤덮었습니다. 그들 중 누구도 살아남지 못했습니다.

● ● 티칭 포인트

하나님은 자신을 사랑하는 사람들을 도우시는 분이라는 것을 아이들이 이해할 수 있도록 도와주십시오. 하나님은 홍해를 가르셔서 하나님의 선택받은 백성을 살릴 길을 마련하셨습니다. 마찬가지로, 하나님은 예수 그리스도를 통해 사람들이 죄의 벌에서 피할 수 있는 길을 마련해 주셨습니다. 하나님이 우리를 구원하신 것은 우리에게 구원받을 자격이 있어서가 아니라 그분이 은혜와 사랑의 하나님이시기 때문입니다. 하나님은 우리와 깊은 관계를 맺기 원하셔서 우리를 창조하셨습니다.

홍해를 건넜어요

출 13:17~15:21

10가지 재앙, 특히 장자의 죽음이라는 무시무시한 열 번째 재앙을 겪은 이후에, 이집트의 파라오가 말했어요. "너희는 가서 여호와를 섬겨라!"

이스라엘 백성은 가족과 가축들을 데리고 속히 이집트를 떠났어요. 하나님은 이스라엘 백성과 함께 계시면서 낮에는 구름기둥으로, 밤에는 불기둥으로 인도하셨어요. 그런데 하나님은 이스라엘 백성을 가나안으로 가는 가장 빠른 길로 인도하지 않으시고 광야를 돌아 홍해로 이끄셨어요. 어느 날 하나님은 모세에게 홍해 근처에 장막을 치라고 말씀하셨어요.

한편 이집트의 파라오는 마음이 바뀌어서 이스라엘 백성을 괜히 내보내서 일할 사람을 잃어버렸다고 후회했지요. 파라오는 군대를 이끌고 이스라엘 백성을 뒤쫓았어요. 하나님은 자신이 오직 한 분, 진짜 하나님임을 이집트 사람들에게 보여 주기 원하셨어요.

파라오와 그의 군대가 이스라엘 백성을 쫓아 홍해 근처에까지 이르렀어요. 이스라엘 백성은 그 모습을 보고 두려워 소리쳤어요. "우리는 다 죽을 거예요! 이집트를 떠나지 말았어야 했어요!" 그러나 모세는 이렇게 말했어요. "여러분, 두려워하지 마십시오. 하나님이 여러분을 이곳으로 인도하셨으니 하나님이 여러분을 위해 싸우실 것입니다."

하나님은 모세에게 해야 할 일을 알려 주셨어요. "지팡이를 들고 손을 바다 위로 내밀어라." 모세는 순종했어요. 그러자 홍해가 둘로 갈라졌어요. 이스라엘 백성 앞에 마른 땅이 드러났지요. 기적이 일어난 거예요! 이스라엘 백성은 바다 가운데를 육지로 걸었고, 물은 그들의 양쪽에 벽이 되었어요.

이집트 군대도 홍해로 들어서서 이스라엘 백성을 추격했어요! 하나님은 이집트 군대의 수레 바퀴가 벗겨지게 하셔서 이스라엘 백성을 따라잡지 못하게 하셨어요. 이스라엘 백성이 안전하게 홍해 건너편에 도착하자 하나님은 모세에게 다시 손을 바다 위로 내밀라고 말씀하셨어요. 곧 물이 이집트 군대 위에 흐르기 시작했어요! 그들은 아무도 살아남지 못했지요. 여호와께서 이스라엘을 구하신 거예요.

이 일을 눈으로 직접 본 이스라엘 백성은 하나님을 두려워했어요. 그리고 하나님께 감사드렸어요! 그들은 하나님이 계신 것과 그분이 모세를 보내셔서 자기들을 이끌고 계신다는 것을 믿게 되었어요. 모세와 이스라엘 백성은 여호와께 찬양했어요. "여호와는 나의 힘이시며, 나의 노래이시며, 나의 구원이십니다!"

● ● 예수님 생각하기

하나님은 이스라엘 백성에게 이집트 사람들을 피할 길을 만들어 주셨던 것처럼 사람들에게 죄의 벌에서 피할 길을 만들어 주셨어요. 바로 예수님을 통해서예요. 예수님은 하나님께로 갈 수 있는 유일한 길이세요.

가스펠
준비

싱글벙글 ── 😊 **환영해요**

"여호와 나를 구원하셨네"(지도자용 팩)를 튼다. 아이들을 반갑게 맞이하며 헌금과 기도를 도와준다. 예배 중 헌금 순서가 있다면 아이들이 헌금을 잘 간수하도록 돕는다. 가방과 외투를 정리하도록 안내한다. 새로 온 아이가 있다면 음수대와 화장실의 위치를 알려 주고, 보호자와 만나는 시간과 방법 등을 소개한다. 보호자들을 위한 안내문을 붙여 아이와 만나는 시간, 기다리는 장소, 헌금 방법, 아이에 대한 특별한 주의 사항을 교사에게 미리 알려 주기 등을 공지한다.

너랑 나랑 ── 😊 **마음 열기**

주제와 관련 있는 퍼즐이나 블록 등 아이들이 좋아하는 장난감을 몇 가지 비치해 두고 다양한 활동을 하며 예배를 준비하도록 돕는다. 아이들이 마음을 열고 오늘의 주제에 관심을 갖게 하며 예배에 집중할 수 있도록 도와준다. 교회 형편에 맞게 시간과 활동 방법을 조절한다.

똑같은 표정을 지어 보아요 ✳

❶ 아이들을 둘씩 짝을 지은 후 마주 보게 한다.
❷ 짝끼리 거울을 보듯 서로의 표정을 따라 하라고 말해 준다. 인도자를 기준으로 오른쪽에 있는 아이부터 표정 짓기를 시작하라고 한다.
　　tip 인도자가 감정을 이야기하면 해당되는 표정을 지어 보이게 해도 좋다.
　　예) "행복하다", "슬프다", "겁이 난다", "어리석다", "용감하다" 등.

> 인도자 지난주에 우리는 이집트의 왕 파라오가 이스라엘 백성을 보내 준 내용을 배웠어요. 하지만 파라오는 이스라엘 백성을 그대로 보내지는 않을 거예요! 오늘의 성경 이야기에는 화가 난 파라오와 겁에 잔뜩 질렸다가 곧 기뻐하게 된 이스라엘 백성에 대한 이야기가 나와요. 무슨 일이 있었던 것일까요?

가마를 태워 주어요 ✳
　　　　　　　　　　　　　　　　　　　　　　　　　　　　준비물 ▶ 마스킹 테이프

❶ 마스킹 테이프를 이용해 예배실 양쪽 끝에 출발선과 도착선을 각각 표시해 둔다.
❷ 출발선과 도착선 중간 지점에 마스킹 테이프로 큰 동그라미를 표시해 둔다. 아이들에게 이 공간은 '밟지 못하는 곳'이라고 말해 준다.

❸ 아이들과 함께 도착선까지 어떻게 갈 수 있을지 이야기를 나누어 본다. 다양한 의견을 들어 본 후 가마를 만들어 건너는 방법을 소개한다.

가마 태우기

- 2명의 아이가 한 팀이 되어 마주 본 채 각자 자신의 오른손으로 자신의 왼팔 손목 윗부분을 잡는다.
- 각자 왼손으로 상대방의 오른팔 손목 윗부분을 잡는다. 그러면 양다리를 끼울 수 있는 고리가 완성된다.
- 가마를 만든 채 동시에 몸을 구부려 친구를 태운다.
- 다치지 않도록 인도자의 도움을 받아 서서히 자리에서 일어나 친구가 원하는 장소로 이동한다.
  tip 가마를 태우고 이동하는 과정에서 안전사고가 발생할 수 있으니 반드시 여러 교사들이 곁에서 보호해 주도록 한다.

❹ 가마를 태우는 일은 힘과 요령이 필요하므로 지원자들을 3~4팀 받아 여러 번 연습시킨다. '밟지 못하는 곳' 옆에 준비된 '가마'들을 대기시켜 놓는다.

❺ 아이들을 출발선에 한 줄로 세운 뒤 한 명씩 내보내 도착선으로 향하게 한다. '밟지 못하는 곳'에 다다르면 '가마'에 재빨리 올라타 건너도록 한다. '가마'가 힘들어하면 준비된 다른 '가마'로 교체한다.

❻ 모든 아이가 가마를 타고 도착선에 도달할 수 있도록 반복해서 활동한다.

인도자 여러분은 '밟지 못하는 곳'이 나왔을 때 누구의 도움을 받았나요? 오늘 우리는 하나님이 불가능한 일을 가능하게 하신 일에 대해 배울 거예요. 하나님은 언제나 우리가 생각하지 못한 일을 행하시는 분이에요! 하나님이 하시기 어려운 일이 있을까요? 하나님은 무엇이든 하실 수 있어요!

 **예배 대형으로 모이기**

- 카운트다운 영상, 모이기 노래 등을 활용해 예배 대형으로 바꾸고 마음을 준비하게 한다.
- 공간을 이동해야 한다면 하나님의 위대하심을 나타내는 찬양을 부르며 가도록 한다.
  예) "위대하고 강하신 주님", "내 하나님은" 등.

가스펠 설교

하나 — 들어가기

배를 타고 강이나 바다를 건너 본 적이 있는지 물어본다. 만약 배와 같은 교통수단이 없다면 강이나 바다를 어떤 식으로 건널 수 있을지 생각해 보라고 한다.

오늘 우리는 배와 같은 교통수단이 전혀 없이 바다를 건넌 이스라엘 백성의 이야기를 듣게 될 거예요. 이제 하나님이 이스라엘 백성을 위해 행하신 놀라운 일에 대해 알아보아요. 하나님이 하시기 어려운 일이 있을까요? 하나님은 무엇이든 하실 수 있어요!

둘 — 성경 이야기

출애굽기 13~15장을 편다. 설교 영상(지도자용 팩)을 보여 주거나 이야기 성경을 들려준다.

하나님은 성경을 통해 우리에게 하나님의 말씀을 주셨어요. 성경 속의 이야기는 모두 실제로 일어났던 일이에요. 하나님의 말씀은 진리예요. 오늘의 성경 이야기는 '출애굽기'에 나온답니다.

셋 — 메시지와 정리

이스라엘 백성이 홍해를 건넜어요. 하나님은 이스라엘 백성에게 이집트 사람들을 피할 길을 만들어 주셨던 것처럼, 사람들에게 죄의 벌에서 피할 길을 만들어 주셨어요. 바로 하나님의 아들 예수님을 통해서예요. 예수님은 하나님께로 갈 수 있는 유일한 길이세요.

연대표(지도자용 팩)를 가리키면서 복습 질문을 한다.

1. 이스라엘 백성은 광야에서 어떻게 길을 찾았나요? 하나님이 낮에는 구름기둥으로, 밤에는 불기둥으로 인도해 주셨다
2. 이스라엘 백성이 홍해 근처에 장막을 쳤을 때 어떤 일이 일어났나요? 파라오와 그의 군대가 이스라엘 백성을 뒤쫓아 왔다
3. 모세가 이스라엘 백성에게 두려워하지 말라고 말한 이유는 무엇인가요? 이스라엘 백성을 홍해로 인도하신 하나님이 싸우실 것이기 때문에
4. 하나님이 이스라엘 백성을 구하기 위해 일으키신 불가능한 일은 무엇인가요? **이스**

5. 이집트 군대에게 어떤 일이 일어났나요? 물이 이집트 군대 위에 흐르기 시작해 아무도 살아
   남지 못했다

넷 — 성경의 초점

중요한 질문을 하나 더 할게요. 1단원의 '성경의 초점' 질문이에요. **"하나님의 계획은
무엇인가요?"** 답은 **"하나님의 계획은 하나님의 백성을 구하시는 거예요"**랍니다. 하나
님은 이스라엘 백성을 사랑하셔서 그들을 구원하셨어요. 하나님은 모세를 통해 이스
라엘 백성을 이집트에서 구하셨어요. 그리고 아들이신 예수님을 보내 하나님의 백성
을 죄로부터 구원하셨어요.

다섯 — 복음 초청

성경과 104쪽 복음 초청 가이드를 이용해서 아이들에게 그리스도인이 되는 법을 설명해 준다. 따로 상
담해 줄 사람을 정해 주고 궁금한 점이 있으면 물어보도록 격려한다.

이 시간 예수님을 믿고 마음에 모시고 싶은 친구는 함께 기도해요.

여섯 — 기도

하나님, 하나님이 홍해를 가르셔서 이스라엘 백성을 구하신 일을 알게 되었어요! 하나
님은 굉장한 분이세요. 하나님께 불가능한 일은 없어요. 여전히 하나님은 하나님의 백
성을 구원의 길로 이끄시는 분임을 믿어요. 우리의 힘과 능력이 되신 하나님, 감사해
요. 예수님의 이름으로 기도합니다. 아멘.

일곱 — 암송송

암송송(137쪽)에 맞추어 손유희를 하며 말씀을 익힌다.

"모세가 백성에게 이르되 너희는 두려워하지 말고 가만히 서서 여호와께서 오늘 너희
를 위하여 행하시는 구원을 보라 너희가 오늘 본 애굽 사람을 영원히 다시 보지 아니하
리라"(출 14:13).

tip 전체 구절 암송이 어려운 경우에는 표시 부분을 발췌해 외워도 좋다.

가스펠
소그룹

알콩달콩  말씀 놀이

순서대로 기억해 보아요

준비물 ▶ 유치부 교재 8쪽, 색연필

이야기 나누기

- 모세가 아기일 때부터 함께 하시고 인도하신 분은 누구이신가요?
- 하나님은 왜 모세를 부르셨나요?

❶ '모세와 이스라엘 백성'에 관한 그림을 하나씩 살펴보고 성경 이야기를 떠올려 준다.

❷ 이야기 순서대로 빈칸에 숫자를 쓰게 한다.

❸ 친구에게 '모세와 이스라엘 백성' 이야기를 재미있게 들려주라고 한다.

인도자 '모세와 이스라엘 백성'에 관한 그림 6개를 살펴보니 어떠한가요? 모두 하나님이 행하신 일들이에요. 하나님은 모든 것을 하실 수 있는 위대한 분이세요! 하나님은 우리의 죄를 없애실 수도 있어요. 영원히 죽을 수밖에 없는 우리를 살려 주실 수 있는 유일한 분이세요. 우리를 죄에서 구원하시기 위해 예수님을 보내 주셨거든요. 우리는 예수님을 믿기만 하면 영원한 생명을 얻어요.

홍해 디오라마를 만들어요

준비물 ▶ 유치부 교재 10쪽 '홍해' 그림, 35, 37쪽 '이스라엘 백성' 그림, 색연필, 셀로판테이프, 끈

이야기 나누기

- 이집트의 왕과 군대가 뒤쫓아 오자 하나님은 어떤 일을 행하셨나요?
- 바다를 마른 땅으로 건너는 이스라엘 백성의 마음은 어떠했을까요?

❶ 10쪽 '홍해' 그림을 떼어 그림처럼 접어 물결이 위에 보이도록 준비한다.

❷ 홍해를 펼치기 전, 바다를 바라보는 이스라엘 백성의 기분이 어떠했을지 상상해 말해 볼 수 있도록 지도한다.

❸ 35, 37쪽 '이스라엘 백성' 그림을 떼어 홍해를 마른 땅으로 건너는 이스라엘 백성의 기분이 어떠했을지 상상하면서 얼굴에 표정을 그려 보라고 한다.

❹ ❸의 뒷면에 셀로판테이프를 이용해 끈을 각각 붙이고 홍해에 모두 연결하게 한다.

❺ '이스라엘 백성' 그림을 움직여 홍해를 건너게 하고 하나님을 찬양하는 이스라엘 백성을 표현해 보게 한다.

인도자 홍해는 물고기와 해양 생물들로 가득했겠지요? 여러분은 바다의 바닥을 걷는 상상을 해 본 적이 있나요? 불가능하게 느껴지지요? **이스라엘 백성은 홍해를 건넜어요.** 하나님이 하시기 어려운 일이 있을까요? 하나님은 무엇이든 하실 수 있어요! 하나님은 우리의 죄도 없애실 수 있어요. 영원히 죽을 수밖에 없는 우리를 살려 주실 수 있는 유일한 분이세요. 우리는 예수님을 믿기만 하면 영원한 생명을 얻어요.

이집트를 떠나요 ✱

준비물 ▶ 빨간색·주황색·노란색·흰색 도화지, 가위

❶ 흰색 도화지를 구름기둥 모양으로 잘라 '구름기둥'을 준비하고, 빨간색·주황색·노란색 도화지를 불꽃 모양으로 잘라 붙여 '불기둥'을 준비한다.

❷ 인도자가 '구름기둥'과 '불기둥'을 들고 아이들과 함께 예배실이나 교회 복도를 행진한다.

❸ 역할극을 해 보는 것도 좋다. 다음 대본으로 미리 연습한 후 활동을 진행하도록 한다. 인도자가 모세 역할을 맡고 아이들에게 이스라엘 백성 역할을 맡긴다.

대본 예) 모세 : 오늘도 하나님이 우리의 길을 인도하십니다.

이스라엘 백성 : 하나님, 감사합니다!

(행진하다가) 너무 오래 걷다 보니 덥고 지쳐요. 하나님, 우리를 도와주세요!

모세 : (구름기둥을 들며) 하나님이 우리를 구름기둥으로 보호하십니다!

이스라엘 백성 : 하나님을 찬양해요!

(다시 행진하다가)

모세 : 이제 밤이 깊어 오네요. 오늘은 하나님이 여기에서 쉬라고 하십니다.

이스라엘 백성 : (자리를 잡고 앉으며) 밤이 되니 조금 추워요.

모세 : 하나님, 우리를 도와주소서.

(불기둥을 들며) 하나님이 우리를 불기둥으로 보호하십니다!

이스라엘 백성 : 하나님은 우리의 구원자이십니다!

tip 자원하는 아이에게 모세의 역할을 맡겨도 좋다.

인도자 하나님은 이집트에서부터 수많은 이스라엘 백성을 인도해 내셨어요. 하나님이 하시기 어려운 일이 있을까요? 하나님은 무엇이든 하실 수 있어요! 오직 한 분, 진짜 하나님은 우리의 죄도 없애실 수 있어요. 영원히 죽을 수밖에 없는 우리를 살려 즈

실 수 있는 유일한 분이세요. 우리는 하나님의 아들 예수님을 믿기만 하면 영원한 생명을 얻을 수 있어요.

'가라! 그만!' 게임을 해요 ✳

> tip '무궁화 꽃이 피었습니다' 게임을 활용한 활동이다.

❶ 아이들을 벽에 등을 대고 옆으로 길게 한줄로 세운다. 아이들 중에 '파라오'를 한 명 뽑아 반대편 벽으로 보내 세운다.

❷ '파라오'가 아이들을 등지고 벽을 바라본 채 "가라!"라고 말하면 아이들은 예배실을 가로질러 '파라오'에게 다 가갈 수 있으며, "그만!"이라고 말하며 뒤돌아보면 그 자리에서 얼음이 되어 움직일 수 없다는 게임의 규칙을 설명해 준다.

❸ '파라오'는 "그만!"이라고 외친 뒤 움직인 아이가 있는지 찾아내고, 만약 있다면 출발했던 벽으로 돌려보낸다.

❹ 여러 번 "가라!"와 "그만!"을 반복한 후 '파라오' 근처까지 간 아이가 '파라오'의 등을 톡 치면 모든 아이가 출발 했던 벽으로 뛰어서 들어와야 하며, '파라오'는 도망가는 아이들을 잡아야 한다고 말해 준다.

❺ '파라오'에게 잡힌 아이가 다음 술래가 된다.

> 인도자 하나님은 이집트에 재앙을 내리심으로써 이집트 사람들에게 자신이 오직 한 분, 진 짜 하나님임을 보이셨어요. 하나님이 재앙을 내리셨을 때 파라오가 이스라엘 백성 에게 "가라"라고 허락한 적도 있었어요. 그렇지만 재앙이 지나가자 마음을 바꾸었 지요! 하나님은 변하지 않는 분이세요. 하나님은 이스라엘 백성을 이집트에서 인도 해 내겠다고 약속하셨어요. 하나님은 모세를 통해 이스라엘 백성을 이집트에서 인 도해 내셨고, 홍해를 통해 도망칠 수 있는 길을 마련해 주셨어요. **이스라엘 백성은 홍해를 건넜어요.** 예수님은 예수님을 믿는 사람들이 죄로부터 벗어나 영원한 생명 을 얻도록 인도하세요.

젖은 땅을 걸어요 ✳ ──────────────── 준비물 ▶ 빗소리 음향

❶ 빗소리 음향을 틀어 놓은 후 아이들에게 젖은 땅에서 걷는 것처럼 동작을 해 보자고 말한다.

예) "며칠간 비가 아주 많이 내려서 지금 땅이 매우 젖어 있어요. 우리는 젖은 땅을 걸어 볼 거예요. 땅이 매우 질퍽질 퍽하군요! 오른발을 한번 떼어 볼까요? 영~차! 땅이 젖어서 쉽지 않네요. 왼발도 함께 떼어 볼까요? 앗! 발이 진흙 속에 빠지고 말았어요" 등.

❷ 다양한 동작을 해 본 후 빗소리 음향을 끄고 '마른 땅을 걸어요' 활동을 진행한다.

예) "와! 땅이 다 말랐어요. 이제 더 이상 발이 진흙에 빠지는 일은 없을 거예요. 한번 힘차게 걸어 볼까요? 오른발! 왼 발! 오른발! 왼발!" 등.

인도자 하나님이 이스라엘 백성을 이집트에서 구해 내신 과정에서 보여 주신 불가능한 일들을 생각해 보세요. 하나님은 홍해를 가르셨어요! **이스라엘 백성은 홍해를 건넜어요.** 하나님은 이스라엘 백성이 홍해를 건널 때 바닥을 마르게 하셔서 마른 땅을 건게 하셨어요. 뿐만 아니라 하나님은 이집트 군대의 수레 바퀴가 벗겨지게 하셔서 이스라엘 백성을 따라잡지 못하게 하셨어요.

만약 땅이 많이 질퍽거렸거나 물이 차올랐다면 쉽게 건너지 못했을 거예요. 빠르게 도망가지도 못했겠지요! 하나님은 모든 상황을 아시고 가장 좋은 방법으로 이스라엘 백성을 도우셨답니다. 하나님은 무엇이든 하실 수 있어요!

홍해를 체험해요 ✳

준비물 ▶ 넓은 대야, 물, 컵, 빨대

❶ 대야에 물을 5cm 정도의 높이로 낮게 채워 준비해 둔다.

❷ 아이들에게 차례대로 물 한 가운데에 손을 넣어 물을 갈라 보게 한다.

❸ 아이들에게 물을 절반 이상 담은 컵과 빨대를 나누어 준다.

❹ 인도자가 빨대로 바람을 불어 컵에 담긴 물을 움직이는 시범을 보여 주고, 아이들에게 빨대로 일으킨 바람으로 물을 가를 수 있는지 실험해 보라고 한다.

❺ 아이들에게 하나님이 홍해를 갈라 이스라엘 백성이 마른 땅으로 건너게 하신 것은 오직 한 분, 진짜 하나님만이 하실 수 있는 일이었다고 이야기해 준다.

인도자 대야에 담긴 물이나 컵에 들어 있는 물을 가르는 것은 우리에게 불가능한 일이었어요. 그런데 하나님은 홍해 바다 전체의 물을 움직여 홍해를 가르셨어요! 하나님만이 이처럼 놀라운 일을 하실 수 있어요. 하나님은 이집트 사람들에게 자신이 오직 한 분, 진짜 하나님임을 보이셨어요. **이스라엘 백성은 홍해를 건넜어요.** 하나님은 이스라엘 백성이 홍해를 건너 도망칠 수 있는 구원의 길을 마련해 주셨어요. 이뿐 아니라 하나님은 우리를 죄에서 구원하시기 위해 예수님을 보내 주셨어요. 우리는 예수님을 믿고 따르기만 하면 구원을 받아요!

 **소곤소곤 꿀~꺽 간식**

준비물 ▶ 쿠키

❶ 카운트다운 영상, 정리하기 노래 등을 활용해 활동이 끝났음을 알린다. 아이들에게 주변을 정리하게 하고, 화장실에 가거나 물티슈 등을 이용해 손을 씻을 시간을 준다.

❷ 감사 기도를 드리고 쿠키를 간식으로 나누어 준다. 아이들에게 하나님이 홍해를 갈라 이스라엘 백성이 마른 땅으로 건너게 하신 것처럼 쿠키를 반으로 잘라 먹어 보자고 말한다. 하나님은 이처럼 놀라운 일을 하실 수 있는 분이라는 사실을 떠올려 준다.

❸ 간식을 먹은 후 마무리 정리를 잘하도록 지도한다.

 **오순도순 마무리**

준비물 ▶ 유치부 교재 39쪽 메시지 카드, 소그룹 활동지, 파일

❶ 이번 주 메시지 카드로 부모님과 함께 오늘 배운 성경 이야기를 나누어 보라고 한다.

 **가족과 활동해요**

• 가족이 모여 한 명씩 돌아가면서 우리 가정에 베풀어 주신 하나님의 놀라운 은혜에 감사하는 기도를 드려 보세요.

❷ 소그룹 활동지를 떼어 파일에 끼우고 가방에 정리하게 한다.

❸ 아이들을 위해 기도한다.

> **인도자** 하나님, 하나님이 오직 한 분, 진짜 하나님이시라는 것을 보여 주셔서 감사해요. 이스라엘 백성을 이집트에서부터 인도해 내신 것도 감사해요. 또한 아들이신 예수님을 보내 십자가에서 죽으시고 부활하게 하셔서 우리를 죄로부터 구원해 주셔서 정말 감사드려요. 사랑해요. 예수님의 이름으로 기도합니다. 아멘.

❹ 아이를 데리러 온 부모에게 아이가 특별히 즐거워했거나 잘했던 활동들에 대해 이야기해 주고, 가정에서 성경 읽기와 가족 활동을 진행할 수 있도록 격려한다.

 **나만의 기록장**

불기둥, 구름기둥 상상해서 그리기

4 광야에서 시험을 치렀어요

[출 15:22~17:7]

주제　　하나님은 이스라엘 백성에게 먹을 것과 물을 주셨어요.

예수님 생각하기　이스라엘 백성에게는 광야에서의 생명을 위해 음식과 물이 필요했어요. 음식과 물은 그들의 필요를 잠깐 동안 채워 주었지만 예수님은 예수님을 믿는 사람들에게 영원한 생명을 주세요.

단원 암송　　출 14:13

성경의 초점　　하나님의 계획은 무엇인가요?
하나님의 계획은 하나님의 백성을 구하시는 거예요.

이스라엘 백성의 미래는 매우 밝아 보였습니다. 하나님은 모세를 통해 하나님의 백성을 이집트의 노예 생활에서 구하셨습니다. 하나님은 그들을 위해 싸우셨고, 홍해를 가르시고 이집트의 군대를 물리치심으로 그분의 능력을 보이셨습니다. 하나님은 이스라엘 백성을 아브라함에게 약속하셨던 땅으로 인도하셨습니다.

그러나 이스라엘 백성은 이집트에서 가나안으로 바로 향하지 못했습니다. 하나님은 그분의 백성을 광야로 인도하셨습니다. 그들의 밝은 미래는 사라지는 듯했습니다. 마른입과 텅 비어 요동치는 굶주린 배는 불평과 비난으로 이어졌습니다. 그들은 하나님의 선하심을 의심했습니다. 이스라엘 백성의 굶주림은 절망으로 이어졌습니다. "우리가 이집트 땅에서 고기 가마 곁에 앉아 있던 때와 떡을 배불리 먹던 때에 여호와의 손에 죽었더라면 좋았을 것을 너희가 이 광야로 우리를 인도해 내어 이 온 회중이 주려 죽게 하는도다"(출 16 : 3).

다시 한 번 하나님은 이스라엘 백성의 필요를 채우셨습니다. 모세와 아론은 여호와께서 하나님의 백성의 필요를 채워 주시는 이유에 대해 이렇게 말했습니다. "너희가 여호와께서 너희를 이집트 땅에서 인도하여 내셨음을 알 것이요"(출 16 : 6). 하나님은 만나와 메추라기를 보내 이스라엘 백성을 먹이셨습니다. 그들은 광야에서 40년 동안 만나를 먹었습니다.

하나님은 우리의 공급자이십니다. 광야에서 이스라엘 백성의 필요를 채워 주신 것처럼, 하나님은 아들이신 예수님을 보내시어 우리의 영적 필요를 채워 주셨습니다. 예수님은 우리에게 영원한 생명을 주시는 생명의 떡이십니다(요 6 : 35).

● ● 티칭 포인트

아이들에게 하나님은 우리의 필요가 무엇인지 잘 알고 계시고, 그 필요를 채워 주시는 분임을 알려 주십시오. 연약한 우리가 해결할 수 없는 우리의 죄에 대한 문제를 해결해 주시고 영원한 생명을 선물로 주신 하나님을 묵상할 수 있도록 도와주십시오.

광야에서 시험을 치렀어요

출 15:22~17:7

모세는 이스라엘 백성을 홍해에서 광야로 인도했어요. 그런데 마실 물이 없자 그들은 모세에게 불평했어요. 하나님이 말씀하셨어요. "너희가 내 말을 들어 순종하고 내가 보기에 옳은 일을 행하면 내가 이집트 사람에게 내린 질병들을 너희에게 내리지 않을 것이다." 곧 이스라엘 백성은 엘림에 도착했어요. 엘림에는 물이 많았어요. 그들은 샘물 가까이에 장막을 쳤어요.

이스라엘 백성은 엘림을 떠나 다시 광야로 들어갔어요. 그들은 배가 고파지자 모세에게 또 불평했어요. "너무 배가 고픕니다. 당신이 우리를 이 광야로 끌고 나와 우리가 다 굶어 죽게 생겼습니다!" 그러나 하나님이 모세를 통해 이스라엘 백성을 인도해 내신 것은 광야에서 죽게 하시기 위해서가 아니었어요. 모든 것은 하나님의 계획 가운데 있었답니다.

하나님은 모세에게 말씀하셨어요. "내가 이스라엘 자손의 원망을 들었노라. 그들에게 이렇게 말하라. '해가 질 때에는 너희가 고기를 먹을 것이고, 아침에는 떡(빵)으로 배부를 것이다. 그러면 내가 너희의 하나님인 줄 너희가 알게 될 것이다.'" 저녁이 되자 메추라기가 와서 진에 덮이고, 아침에는 땅 위에 작고 둥글며 ★서리같이 가는 것이 쌓였어요. 이스라엘 백성은 어리둥절해 "이것이 무엇이냐?" 하며 서로 물었어요. 모세가 대답했지요. "이것은 여호와께서 여러분에게 먹으라고 주신 양식입니다." 이스라엘 백성은 이것을 '만나'라고 불렀어요. '만나'란 '이것이 무엇이냐?'라는 뜻이랍니다.

하나님은 사람들이 지켜야 할 사항을 알려 주셨어요. 각자 먹을 만큼만 만나를 거두라고 하셨어요. 만나를 많이 거두어서 다음 날 아침까지 남겨 두면 벌레가 생기고 냄새가 났어요. 하나님은 안식일 전날에는 만나를 두 배로 거두라고 하셨어요. 일곱 번째 날인 안식일에는 쉬어야 했기 때문이지요.

그러나 이스라엘 백성은 하나님의 명령을 따르지 않았어요. 어떤 때는 만나를 너무 많이 거두기도 했고, 어떤 때는 안식일에 만나를 거두려고도 했지요. 모세는 하나님의 명령을 순종하지 않은 사람들에게 화가 났어요.

이스라엘 백성은 하나님의 명령을 따라 오랜 시간 동안 광야를 떠돌았어요. 어느 날 그들은 마실 물을 구하지 못하자 모세에게 대들었어요. "우리에게 마실 물을 주십시오!" 그러나 모세에게는 물이 없었어요. 모세는 여호와께 부르짖었어요. "제가 어떻게 해야 합니까?" 하나님은 모세에게 반석을 보여 주셨고, 지팡이로 반석을 치라고 하셨어요. 모세가 순종하자 반석에서 물이 나왔고 백성은 그 물을 마셨어요. 하나님은 이스라엘 백성과 함께하셨어요.

★서리 : 수증기가 땅 위의 물체 표면에 걸어붙은 것

●● 예수님 생각하기

이스라엘 백성이 배고프고 목마르자 하나님은 음식과 물을 주셨어요. 나중에 하나님은 아들이신 예수님을 보내 주셨어요. 예수님은 "나는 생명의 떡이니"(요 6:35)라고 말씀하셨어요. 이스라엘 백성은 생명을 위해 음식과 물을 필요로 했어요. 음식과 물은 그들의 필요를 잠깐 동안 채워 주었지만 예수님은 예수님을 믿는 사람들에게 영원한 생명을 주세요.

가스펠 준비

싱글벙글 ☺ ── 환영해요

DVD "여호와 나를 구원하셨네"(지도자용 팩)를 튼다. 아이들을 반갑게 맞이하며 헌금과 기도를 도와준다. 예배 중 헌금 순서가 있다면 아이들이 헌금을 잘 간수하도록 돕는다. 가방과 외투를 정리하도록 안내한다. 새로 온 아이가 있다면 음수대와 화장실의 위치를 알려 주고, 보호자와 만나는 시간과 방법 등을 소개한다. 보호자들을 위한 안내문을 붙여 아이와 만나는 시간, 기다리는 장소, 헌금 방법, 아이에 대한 특별한 주의 사항을 교사에게 미리 알려 주기 등을 공지한다.

너랑 나랑 ☺ ── 마음 열기

주제와 관련 있는 퍼즐이나 블록 등 아이들이 좋아하는 장난감을 몇 가지 비치해 두고 다양한 활동을 하며 예배를 준비하도록 돕는다. 아이들이 마음을 열고 오늘의 주제에 관심을 갖게 하며 예배에 집중할 수 있도록 도와준다. 교회 형편에 맞게 시간과 활동 방법을 조절한다.

소풍 놀이를 해요 ＊ ┈┈┈┈┈ 　준비물 ▶ 담요, 소풍 가서 식사할 때 필요한 물건들(장난감 접시, 숟가락 등), 장난감 음식

❶ 소풍 나온 것처럼 담요를 돗자리 삼아 펴고 아이들을 담요 위에 앉힌다.
❷ 먹을 것을 제외하고 소풍 가서 식사할 때 필요한 물건들을 나누어 준 후 소풍 놀이를 하게 한다.
❸ 아이들에게 무엇이 빠졌는지 물어본다. 아이들이 "먹을 것"이라고 답하면 장난감 음식을 나누어 준다.

　　　인도자 여러분은 배고프거나 목마를 때 어떻게 하나요? 오늘 우리는 광야에서 불평하는 이스라엘 백성을 만나게 될 거예요. 광야에서는 음식과 물을 구하기 힘들거든요. 하나님이 어떻게 그들에게 음식과 물을 주셨는지 성경 이야기를 통해 알아보아요.

하나님을 찬양해요 ✱

준비물 ▶ 다양한 리듬 악기, 컬러 박스 테이프, 발(가로, 개),
'거룩'이라고 적은 조끼(흰색 가운), 하트 스티커

❶ 아이들을 컬러 박스 테이프를 이용해 표시한 출발에 한 줄로 세우고, 반대편에 발을 설치해 '문'을 만든다.

❷ 출발선과 '문'의 중간에 '거룩'이라는 글자를 적은 조끼를 놓아 둔다. 교사 한 명에게 '예수님' 역할을 맡겨 '문' 뒤에 서 있다가 문을 통과한 아이들에게 하트 스티커를 붙여 주라고 한다.

❸ 출발 신호에 맞추어 한 명씩 출발해 '거룩' 조끼를 입고 '문'을 통과해 '예수님'이 가슴에 붙여 주시는 '하트'를 달고 돌아오면서 '거룩'조끼를 제자리에 벗어 두고 오면 된다고 말해 준다.

❹ 아이들에게 리듬 악기를 나누어 주고 게임이 진행되는 동안 새찬송가 563장 "예수 사랑하심을" 찬양을 함께 부른다.

❺ 간단한 리듬을 가르쳐 주어 아이들이 다양한 방식으로 악기를 두드리면서 찬양하게 해도 좋다.

　예) • 엇박자 : 짝수 음마다 악기를 두드린다.

　　　• 쿵덕쿵덕 : 홀수 음마다 크게, 짝수 음마다 작게 드드린다.

　　　• 쿵더러러 : 첫째 음은 크게, 이어지는 3개의 음은 작게 두드린다.

> **인도자** 예수님은 우리를 사랑하세요. 하나님 아버지께서도 우리를 사랑하시지요! 우리는 하나님이 우리를 사랑하신다는 것을 알고 있어요. 성경이 하나님의 사랑에 대해 전해 주고 있기 때문이에요. 오늘 우리는 하나님이 어떻게 광야에서 이스라엘 백성을 돌보심으로 하나님의 사랑을 표현하셨는지에 대해 배울 거예요.

예배 대형으로 모이기

• 카운트다운 영상, 모이기 노래 등을 활용해 예배 대형으로 바꾸고 마음을 준비하게 한다.

• 공간을 이동해야 한다면 뜨거운 태양이 내리쬐는 광야에서 배고프고 목마른 것처럼 연기하며 가도록 한다

가스펠
설교

하나 — 들어가기

배를 만지면서 배가 몹시 고픈 것처럼 행동한다.

저는 지금 배가 정말 고파요! 여러분은 진짜 배가 고파서 배에서 꼬르륵 소리가 난 적이 있나요? 배고플 때는 배가 아프기도 해요. 배가 고프다는 것은 몸이 음식을 필요로 한다는 뜻이에요. 여러분은 배고플 때 어떤 음식이 먹고 싶나요? 아이들의 대답을 기다린다. 와! 정말 많네요. 저도 다 먹고 싶군요. 하나님은 이스라엘 백성을 이집트에서부터 약속의 땅으로 인도하셨어요. 그런데 약속의 땅으로 가기 위해서는 광야를 지나가야 했어요. 광야에는 음식과 물이 많지 않았어요. 이제 이스라엘 백성에게 어떤 일이 일어났는지 함께 알아보아요.

둘 — 성경 이야기

출애굽기 15~17장을 편다. 설교 영상(지도자용 팩)을 보여 주거나 이야기 성경을 들려준다.

성경은 하나님의 말씀이에요. 성경에 나오는 이야기들은 실제로 일어났던 일이랍니다. 그리고 하나님의 능력과 선하심을 보여 주지요. 성경과 같은 책은 없어요! 오늘의 성경 이야기는 성경의 두 번째 책인 '출애굽기'에 나와요.

셋 — 메시지와 정리

하나님은 이스라엘 백성에게 먹을 것과 물을 주셨어요. 하나님은 그들에게 만나와 메추라기를 보내 주시고, 반석에서 물을 내셨어요! 나중에 하나님은 아들이신 예수님을 보내 주셨어요. 예수님은 "나는 생명의 떡이니"(요 6:35)라고 말씀하셨어요. 이스라엘 백성은 생명을 위해 음식과 물을 필요로 했어요. 음식과 물은 그들의 필요를 잠깐 동안 채워 주었지만 예수님은 예수님을 믿는 사람들에게 영원한 생명을 주세요.

연대표(지도자용 팩)를 가리키면서 복습 질문을 한다.

1. 이스라엘 백성은 광야에서 왜 불평했나요? 배고프고 목말라서
2. 하나님은 이스라엘 백성을 어떻게 돌보셨나요? **하나님은 이스라엘 백성에게 먹을 것과 물을 주셨어요**

3. 이스라엘 백성은 어떤 음식을 먹었나요? 만나와 메추라기

4. 하나님은 광야에서 어떻게 물을 주셨나요? 모세가 하나님이 말씀하신 대로 반석을 치 자 물이 흘러나왔다

넷 — 성경의 초점

1단원의 '성경의 초점' 질문은 **"하나님의 계획은 무엇인가요?"**예요. 답은 **"하나님의 계획은 하나님의 백성을 구하시는 거예요"**랍니다. 하나님은 이스라엘 백성을 이집트의 노예 생활에서 구하시고, 광야에서 그들을 돌보셨어요. 하나님은 언제나 우리에게 필요한 것을 주세요. 하나님은 아들이신 예수님을 보내 우리를 죄로부터 구원하심으로써 우리에게 가장 필요한 것을 주셨어요.

다섯 — 복음 초청

성경과 104쪽 복음 초청 가이드를 이용해서 아이들에게 그리스도인이 되는 법을 설명해 준다. 따로 상담해 줄 사람을 정해 주고 궁금한 점이 있으면 물어보도록 격려한다.

이 시간 예수님을 믿고 마음에 모시고 싶은 친구는 함께 기도해요.

여섯 — 기도

하나님, 하나님의 사랑은 놀라워요. 하나님이 인도하신 광야에서 태고프고 목마르자 하나님께 감사하기보다는 불평했던 이스라엘 백성을 사랑하셔서 필요한 음식과 물을 주신 사랑의 하나님을 찬양해요. 이처럼 하나님은 우리의 모든 필요를 알고 계시는 사랑의 하나님이세요. 하나님의 말씀에 불순종한 죄인인 우리에게 가장 필요한 영원한 생명을 주시기 위해 예수님을 우리의 구원자로 보내 주셔서 감사드려요. 예수님으 이름으로 기도합니다. 아멘.

일곱 — 암송송

암송송(137쪽)에 맞추어 손유희를 하며 말씀을 익힌다.

"모세가 백성에게 이르되 너희는 두려워하지 말고 가만히 서서 여호와께서 오늘 너희를 위하여 행하시는 구원을 보라 너희가 오늘 본 애굽 사람을 영원히 다시 보지 아니하리라"(출 14:13).

> tip 전체 구절 암송이 어려운 경우에는 표시 부분을 발췌해 외워도 좋다.

가스펠 소그룹

알콩달콩 말씀 놀이

하나님이 주셨어요!

준비물 ▶ 유치부 교재 12쪽, 색연필

이야기 나누기
- 광야에서 이스라엘 백성은 왜 불평했나요?
- 하나님은 이스라엘 백성을 위해 어떻게 하셨나요? 왜 그렇게 하셨을까요?
- 나에게 정말 필요한 것은 무엇인가요?

❶ 그림에서 광야에 어울리지 않는 물건 5가지를 찾아 X표 하게 한다.

❷ 목마르고 배고픈 이스라엘 백성의 필요를 아시는 하나님이 보내 주신 것들을 그릴 수 있도록 지도한다.

> **인도자** 이스라엘 백성은 그들을 이집트의 노예 생활에서부터 구하시고 홍해를 갈라 마른 땅으로 건너게 하신 하나님을 찬양했어요. 그러나 그들은 광야에서 하나님께 배고프고 목마르다고 불평했어요. **하나님은 이스라엘 백성에게 먹을 것과 물을 주셨어요.** 메추라기와 만나 같은 음식과 물은 이스라엘 백성에게 잠깐 동안의 생명을 주었지만 예수님은 예수님을 믿는 사람들에게 영원한 생명을 주세요.

만나를 거두어요 ✱

준비물 ▶ 떡 뻥튀기, 위생비닐, 마스킹 테이프, 비닐 테이블보

❶ 마스킹 테이프를 이용해 예배실 바닥에 큰 동그라미를 만들어 둔다. 동그란 공간에 비닐 테이블보를 깔고 그 위에 떡 뻥튀기를 올려놓은 뒤 아이들에게 이스라엘 백성이 광야에서 매일 거둔 '만나'라고 소개한다.

> **tip** '만나'를 너무 흩어 놓으면 밟기 쉬우므로 충분히 간격을 두고 놓되, 여러 개를 한데 놓는 것이 좋다.

❷ 아이들을 아빠, 엄마, 아이 등 다양한 구성의 가족으로 나누고 한 '가족'당 위생비닐을 한 장씩 나누어 준다.

❸ 아이들에게 인도자의 지시대로 이스라엘 백성이 아침마다 만나를 거둔 것처럼 '만나'를 모아 오라고 말한다.

예) • "아침이 되었어요! 사람들은 가족 수대로 만나를 거두었어요! 욕심을 내서 가족 수보다 더 많이 가져간 만나는 다음 날 아침에 보니 다 썩어서 못 먹게 되었어요!"

- "안식일 전날인 토요일이 되었어요! 이날은 안식일에 먹을 만나까지 가져가야 해요."

  tip '만나'를 주울 때 사뿐사뿐 걸어 밟지 않도록 주의를 준다.

  인도자 **하나님은 이스라엘 백성에게 먹을 것과 물을 주셨어요.** 하나님은 이스라엘 백성에게 먹을 것이 필요하다는 것을 알고 계셨어요. 음식과 물은 사람들에게 잠깐 동안 생명을 주지만 예수님은 예수님을 믿는 사람들에게 영원한 생명을 주세요!

메추라기를 잡아요 *

준비물 ▶ 갈색 계열의 양말, 바구니(상자), 모형 눈알, 깃털

❶ 양말을 공 모양으로 말아 '메추라기'를 여러 개 만들어 바구니에 담아 놓는다.

  tip 공 모양으로 만 양말에 모형 눈알이나 깃털을 붙여 메추라기처럼 꾸며도 좋다.

❷ 아이들에게 바구니를 나누어 준 후 예배실 곳곳으로 흩어지게 한다.

❸ 인도자가 '메추라기'를 던지면 바구니로 받거나 바닥에 떨어진 '메추라기'를 주우면 된다는 게임의 규칙을 말해 준다.

❹ 시간 여유가 되는 대로 게임을 계속한다.

  인도자 메추라기는 새의 한 종류예요. 하나님은 이스라엘 백성이 있던 장막에 저녁 때 메추라기를 보내셔서 그들이 메추라기를 먹을 수 있게 하셨어요. **하나님은 광야에서 이스라엘 백성에게 먹을 것과 물을 주셨어요.** 음식과 물은 사람들에게 잠깐 동안 생명을 주지만 예수님은 여수님을 믿는 사람들에게 영원한 생명을 주세요!

하나님 사랑의 물을 마셔요 *

준비물 ▶ 큰 주전자(물통), 회색 포장지, 셀로판테이프, 종이컵, 지팡이

❶ 큰 주전자를 주둥이만 살짝 보이도록 포장한다. 이때 '반석'처럼 보이도록 회색 포장지로 크게 감싸도록 한다.

❷ 인도자는 '하나님', 아이들 중 한 명은 '모세', 나머지 아이들은 '백성' 역할을 맡아 대사 연습 시간을 갖는다.

  예) 백성 : 목말라요!

  하나님 : 모세야, 지팡이로 반석을 쳐라!

  모세 : (지팡이로 반석을 친다.) 여러분, 하나님이 물을 주셨습니다. 이리 와서 물을 드십시오.

  (종이컵에 물을 따라 아이들에게 나누어 준다.)

  백성 : 마실 물을 주셔서 우리를 살려 주신 하나님, 감사합니다!

  인도자 **하나님은 이스라엘 백성에게 먹을 것과 물을 주셨어요.** 하나님은 모세에게 지팡이로 반석을 치라고 하셨고, 모세가 순종하자 물이 나왔어요. 사람들이 살아가기 위해서는 먹을 것과 물이 필요해요. 음식과 물은 사람들에게 잠깐 동안 생명을 주지만 예수님은 예수님을 믿는 사람들에게 영원한 생명을 주세요!

 소곤소곤 꿀~떡 😊 **간식**

준비물 ▶ 동그랗고 납작한 뻥튀기, 지렁이 모양의 젤리, 물, 접시

❶ 카운트다운 영상, 정리하기 노래 등을 활용해 활동이 끝났음을 알린다. 아이들에게 주변을 정리하게 하고, 화장실에 가거나 물티슈 등을 이용해 손을 씻을 시간을 준다.

❷ 감사 기도를 드리고 동그랗고 납작한 뻥튀기와 지렁이 모양의 젤리, 물을 간식으로 나누어 준다. 하나님이 이스라엘 백성에게 하루 먹을 만큼의 만나를 거두게 하셨으며, 만약 다음 날이 안식일이 아닌데 만나를 많이 거두어 보관하면 냄새가 나고 벌레가 생겼다고 이야기해 준다. 하나님은 이스라엘 백성이 매일 먹을 것을 주시는 하나님을 믿기 원하셨으며, 우리가 필요로 하는 것 역시 아시고 우리를 돌보신다는 사실을 떠올려 준다.

❸ 간식을 먹은 후 마무리 정리를 잘하도록 지도한다.

 오순도순 😊 **마무리**

준비물 ▶ 유치부 교재 41쪽 메시지 카드, 소그룹 활동지, 파일

❶ 이번 주 메시지 카드로 부모님과 함께 오늘 배운 성경 이야기를 나누어 보라고 한다.

 **가족과 활동해요**

• 우리 가족이 살아가는 데 필요한 물건들의 목록과 하나님이 필요를 채워 주셨던 축복의 목록을 작성해 보세요. 우리 가족을 돌보아 주시는 하나님께 감사의 기도를 드리세요.
• 노숙자 쉼터나 푸드뱅크에 음식을 가져다주는 등 이웃을 섬겨 보세요.

❷ 소그룹 활동지를 떼어 파일에 끼우고 가방에 정리하게 한다.

❸ 아이들을 위해 기도한다.

> 인도자 하나님, 광야에서 이스라엘 백성에게 음식과 물을 주셔서 감사해요. 하나님은 우리가 필요로 하는 것을 아시는 분이에요. 예수님을 보내 우리를 죄로부터 구원해 주셔서 정말 감사하고 사랑해요. 예수님의 이름으로 기도합니다. 아멘.

❹ 아이를 데리러 온 부모에게 아이가 특별히 즐거워했거나 잘했던 활동들에 대해 이야기해 주고, 가정에서 성경 읽기와 가족 활동을 진행할 수 있도록 격려한다.

 나만의 기록장

나와 가족에게 필요한 것 그리기

5
금송아지를
만들었어요

[출 32:1~35, 34:1~9]

주제	이스라엘 백성이 금송아지를 섬겼어요.
예수님 생각하기	모세가 이스라엘 백성의 죄를 용서해 달라고 기도했던 것처럼 예수님은 하나님과 사람 사이의 중재자세요. 예수님은 십자가에서 우리의 죄를 없애 주셨고, 예수님을 믿는 사람들이 죄를 지으면 그들을 대신해 하나님께 말씀해 주세요.
단원 암송	출 14:13
성경의 초점	하나님의 계획은 무엇인가요? 하나님의 계획은 하나님의 백성을 구하시는 거예요.

하나님은 이스라엘 백성을 광야로 보내셨지만 그들을 버려두지 않으셨습니다. 하나님은 그들과 함께 계셨고 고기, 떡, 그리고 물을 공급해 주셨습니다. 또한 이스라엘 백성을 시내산으로 인도하셔서 그들의 지도자인 모세와 만나셨습니다. 하나님은 산에서 불 가운데 강림하셨습니다. 이스라엘 백성은 하나님의 확실하고 강한 임재를 경험했습니다.

그러나 모세가 산에 올라가 몇 주 동안 돌아오지 않자 이스라엘 백성은 버림받았다고 느꼈습니다. 그들은 모세의 형 아론에게 말했습니다. "일어나라 우리를 위하여 우리를 인도할 신을 만들라 이 모세 곧 우리를 애굽 땅에서 인도하여 낸 사람은 어찌 되었는지 알지 못함이니라"(출 32:1). 이에 아론은 이스라엘 백성이 죄를 짓도록 돕는 일을 이끌게 되었습니다. 그는 사람들에게서 금을 거두어 금송아지를 만들었고, 사람들은 금송아지에게 경배했습니다.

하나님은 사람들이 하고 있는 일을 보시고는 모세에게 당장 산에서 내려가라고 말씀하셨습니다. 모세는 화가 나서 아론에게 어떻게 이끌었기에 사람들이 죄를 짓게 되었냐고 물었습니다. 아론은 사람들이 모세의 행적을 알 수 없으니 자신들을 인도할 신을 만들어 달라고 요청했고, 금을 가져오라고 했더니 금을 자신에게로 가져왔으며,

자신이 금을 불에 던지자 이 송아지가 나왔다고 말했습니다(출 32:23~24). 하나님은 금송아지를 섬긴 이스라엘 백성을 벌하셨습니다.

모세는 시내산으로 돌아가 이스라엘의 죄를 사해 주시도록 하나님께 간구했습니다. 하지만 모세가 이스라엘 백성의 죄를 속죄하지는 못했습니다. 그럼에도 불구하고 하나님은 이스라엘 백성을 버리지 않으셨습니다. 하나님은 이스라엘 백성이 그들의 죄에 대해 책임을 져야 한다고 하셨지만 이스라엘 백성을 떠나지는 않을 것이라고 말씀하셨습니다.

●● 티칭 포인트

아이들에게 우상의 개념을 알려 주십시오. '우상'이란 우리가 하나님보다 더 좋아하거나 중요하게 여기는 어떤 것이고, 무엇이든 우상이 될 수 있으며, 우상은 죄라고 설명해 주십시오. 이스라엘 백성이 그들의 죄로 인해 벌을 받은 것처럼 우리는 우리의 죄로 인해 벌을 받아야만 합니다. 그러나 예수님은 결코 죄를 짓지 않으셨습니다. 우리가 죄를 지으면 예수님은 우리를 위해 아버지께 간구하실 뿐 아니라 우리 죄를 대신 속죄해 주십니다. 하나님은 예수님을 믿는 사람의 죄를 사해 주십니다.

금송아지를 만들었어요

출 32:1~35, 34:1~9

모세와 이스라엘 백성은 광야에 있었어요. 하나님은 그들을 이집트의 노예 생활에서 구하셨고, 파라오와 군대로부터 구원하셨어요.

이스라엘 백성은 시내산에 도착했어요. 모세는 산으로 올라갔고, 하나님은 모세에게 많은 말씀을 하셨어요. 그렇게 모세는 시내산에서 40일 밤낮을 머물렀어요. 시내산 아래에서 모세를 기다리던 이스라엘 백성은 초조해졌어요. "모세는 왜 이렇게 오랫동안 돌아오지 않을까? 살아 있기는 한 것일까?" 이스라엘 백성은 모세의 형 아론에게 가서 말했어요. "우리를 인도할 신을 만들어 주십시오. 우리를 이집트에서 이끌어 낸 모세가 어떻게 되었는지 모르겠습니다." 그러자 아론은 그들에게서 금을 모아 금송아지를 만들고 경배하게 했어요.

하나님은 이스라엘 백성의 죄를 보시고 화가 나셨어요. 하나님은 모세에게 산에서 내려가라고 말씀하셨어요. 그는 하나님이 직접 하나님의 법을 새기신 두 개의 돌판을 가지고 있었지요. 모세가 진에 다가가자 사람들이 금송아지 앞에서 춤추는 것이 보였어요. 화가 난 그는 손에 있던 돌판들을 산 아래로 던져 깨뜨려 버렸어요. 그리고 금송아지를 부수어 버렸어요. 모세는 아론에게 물었어요. "왜 이스라엘 백성을 이 큰 죄에 빠뜨린 것입니까?"

다음 날 모세는 "이제 저는 여호와께로 올라갑니다. 하나님께 여러분의 죄를 용서해 달라고 구할 것입니다"라고 말하고는 산으로 올라가 하나님과 이야기를 나누었어요. "하나님, 이 백성의 죄를 용서해 주십시오." 하나님이 말씀하셨어요. "때가 되면 내가 그 죄로 인해 그들에게 벌을 줄 것이다."

어느 날 하나님이 모세에게 들판 둘을 새로 만들어 산으로 올라오라고 하셨어요. 하나님은 구름 속에서 말씀하셨어요. "여호와라! 여호와라! 자비롭고 은혜롭고 노하기를 더디 하고 인자와 진실이 많은 하나님이라 … 그러나 벌을 없애 주지는 않을 것이다." 모세는 땅에 엎드려 경배하며 말했어요. "여호와여, 제발 우리와 함께 가 주십시오. 우리의 죄와 잘못을 용서해 주십시오. 우리를 백성으로 삼아 주십시오."

●● 예수님 생각하기

이스라엘 백성은 하나님께 죄를 지었어요. 모세는 죄를 용서해 달라고 하나님께 간구했어요. 모세는 이스라엘 백성을 위해 하나님 앞에 서서 그들의 *중재자가 되었어요. 우리가 죄를 지으면 예수님이 우리를 위해 하나님께 말씀해 주세요. 예수님은 결코 죄가 없는 분이세요. 하나님은 예수님을 믿는 자들의 죄를 용서해 주세요.

★중재자 : 화해시키는 사람

가스펠
준비

싱글벙글 ── 😊 **환영해요**

🔵"여호와 나를 구원하셨네"(지도자용 팩)를 튼다. 아이들을 반갑게 맞이하며 헌금과 기도를 도와준다. 예배 중 헌금 순서가 있다면 아이들이 헌금을 잘 간수하도록 돕는다. 가방과 외투를 정리하도록 안내한다. 새로 온 아이가 있다면 음수대와 화장실의 위치를 알려 주고, 보호자와 만나는 시간과 방법 등을 소개한다. 보호자들을 위한 안내문을 붙여 아이와 만나는 시간, 기다리는 장소, 헌금 방법, 아이에 대한 특별한 주의 사항을 교사에게 미리 알려 주기 등을 공지한다.

너랑 나랑 ── 😊 **마음 열기**

주제와 관련 있는 퍼즐이나 블록 등 아이들이 좋아하는 장난감을 몇 가지 비치해 두고 다양한 활동을 하며 예배를 준비하도록 돕는다. 아이들이 마음을 열고 오늘의 주제에 관심을 갖게 하며 예배에 집중할 수 있도록 도와준다. 교회 형편에 맞게 시간과 활동 방법을 조절한다.

무엇이 중요할까요? ✳ ─────────────────────────────

❶ 아이들을 예배실 한가운데 세운다.

❷ 인도자가 읽어 주는 문장을 듣고, '중요한 일이다'라고 생각되는 경우에는 인도자의 오른쪽으로, '중요한 일이 아니다'라고 생각되는 경우에는 왼쪽으로 이동하라고 말해 준다. 혹시 잘 모르겠다면 제자리에 앉으라고 일러 준다.

　　예) "학교에 가요", "야채를 먹어요", "고기를 먹어요", "TV를 보아요", "게임을 해요", "친구와 놀아요", "엄마와 아빠를 안아 주어요", "교회에 가요", "하나님을 사랑해요", "장난감을 잘 보관해요" 등.

　　tip 아이들이 오른쪽과 왼쪽을 구분하기 어려워할 수 있으므로 표시를 해 두거나 인도자가 설명해 주어도 좋다.

　　인도자 제가 읽어 준 문장 중에는 중요한 내용이 많이 있었어요. 하지만 어떤 것도 하나님을 사랑하는 것보다 중요하지는 않아요. 오늘 우리는 이스라엘 백성이 하나님이 아닌 다른 것을 섬긴 일에 대해 배울 거예요. 우리는 이것을 '죄'라고 불러요.

무지개 색 '성경의 초점'을 맞추어요 ✳ --------------- 준비물 ▶ 무지개 색에 해당하는 색도화지, 사인펜

❶ 1단원 '성경의 초점' 질문과 답을 색도화지에 적되, 한 장당 한 구절씩 무지개 색 차례대로 적은 후 예배실 바닥에 놓아 둔다.

예) 하나님의 : 빨간색 / 계획은 : 주황색 / 무엇인가요? : 노란색 / 하나님의 : 초록색 / 계획은 : 파란색 / 하나님의 : 남색 / 백성을 : 보라색 / 구하시는 : 빨간색 / 거예요. : 주황색 등.

❷ 인도자가 아이들에게 1단원 '성경의 초점' 질문을 하면 '성경의 초점' 질문과 답을 순서대로 찾아 무지개를 만들어 보라고 한다.

❸ 다 함께 1단원 '성경의 초점'을 외쳐 본다.

> 인도자 1단원의 '성경의 초점'을 말해 볼 수 있는 친구가 있나요? 아이들의 대답을 기다린다. 잘 했어요! **하나님의 계획은 무엇인가요? 하나님의 계획은 하나님의 백성을 구하시는 거예요.** 하나님은 이스라엘 백성을 이집트에서 구하셨고, 예수님은 우리를 죄로부터 구원하셨어요.

 예배 대형으로 모이기

- 카운트다운 영상, 모이기 노래 등을 활용해 예배 대형으로 바꾸고 마음을 준비하게 한다.
- 공간을 이동해야 한다면 1단원의 '성경의 초점'을 암송하며 가도록 한다.

가스펠 설교

하나 들어가기

준비물 ▶ 연대표(지도자용 팩)

연대표(지도자용 팩)에서 몇 주간 함께 공부한 성경 이야기들을 가리킨다. 아이들에게 각 성경 이야기에서 기억나는 점을 손을 들고 발표해 보라고 한다.

하나님은 정말 놀라우시며 선하신 분이에요! 하나님은 모세를 구하셨고, 모세를 통해 하나님의 백성을 구하셨어요. 하나님은 유월절에 이스라엘 백성을 구하셨어요. 이스라엘 백성은 홍해를 건넜어요. 하나님은 이스라엘 백성에게 먹을 것과 물을 주셨어요. 오늘 우리는 하나님의 백성이 잘못된 선택을 해서 하나님이 아닌 다른 것을 섬기게 된 일에 대해 배울 거예요. 어떤 일이 일어났는지 함께 들어 보아요.

둘 성경 이야기

출애굽기 32, 34장을 편다. 설교 영상(지도자용 팩)을 보여 주거나 이야기 성경을 들려준다.

성경은 하나님의 말씀이에요. 성경에 나오는 이야기들은 실제로 일어났던 일이에요. 성경은 사람들이 얼마나 훌륭했느냐에 대한 이야기가 아니에요. 성경은 우리에게 모든 사람은 죄인이며, 하나님은 거룩하시고 선하시다고 말해요. 오늘의 성경 이야기는 '출애굽기'에 나온답니다.

셋 메시지와 정리

이스라엘 백성은 금송아지를 섬겼어요. 그들은 하나님께 불순종했고, 모세는 그들을 용서해 달라고 하나님께 구했어요. 모세는 이스라엘 백성을 위해 하나님 앞에 섰어요. 우리가 죄를 지으면 예수님이 우리를 위해 하나님께 말씀해 주세요. 예수님은 결코 죄가 없으신 분이에요. 하나님은 예수님을 믿는 사람들의 죄를 용서해 주세요.

연대표(지도자용 팩)를 가리키면서 복습 질문을 한다.

1. 시내산에서 모세에게 말씀하신 분은 누구이신가요? 하나님
2. 모세는 산 위에 오래 있었나요, 아니면 짧게 있었나요? 오래 있었다
3. 아론이 이스라엘 백성에게 섬기라고 준 것은 무엇인가요? 금송아지
4. 모세는 죄지은 이스라엘 백성을 위해 어떻게 했나요? 하나님께 용서를 구했다

넷 — 성경의 초점

하나님의 계획은 무엇인가요? 하나님의 계획은 하나님의 백성을 구하시는 거예요. 모든 사람은 죄로부터 구원받아야 해요. 하나님은 예수님을 보내 우리를 죄로부터 구원하시고 우리가 하나님과 영원히 함께하도록 하셨어요.

다섯 — 복음 초청

성경과 104쪽 복음 초청 가이드를 이용해서 아이들에게 그리스도인이 되는 법을 설명해 준다. 때로 상담해 줄 사람을 정해 주고 궁금한 점이 있으면 물어보도록 격려한다.

이 시간 예수님을 믿고 마음에 모시고 싶은 친구는 함께 기도해요.

여섯 — 기도

하나님, 이스라엘 백성은 죄가 없으신 거룩하신 하나님이 우리를 위해 두 개의 돌판에 특별한 규칙을 만들어 주시는 동안을 기다리지 못하고 금송아지를 만들어 섬기고 예배하는 죄를 지었어요. 모세는 그들의 죄의 용서해 달라고 하나님께 기도했고, 하나님은 그 기도를 들어주셨어요. 사랑의 하나님, 오늘 우리의 죄를 용서하시기 위해 구원자 예수님을 보내 주셔서 감사해요. 예수님을 믿는 사람마다 모든 죄가 용서받는다는 사실을 믿어요. 우리를 위해 언제나 기도해 주시는 예수님의 이름으로 기도합니다. 아멘.

일곱 — 암송송

암송송(137쪽)에 맞추어 손유희를 하며 말씀을 익힌다.

"모세가 백성에게 이르되 너희는 두려워하지 말고 가만히 서서 여호와께서 오늘 너희를 위하여 행하시는 구원을 보라 너희가 오늘 본 애굽 사람을 영원히 다시 보지 아니하리라"(출 14:13).

tip 전체 구절 암송이 어려운 경우에는 표시 부분을 발췌해 외워도 좋다.

가스펠
소그룹

알콩달콩 😊 **말씀 놀이**

돌판이 부서졌어요!

준비물 ▶ 유치부 교재 14쪽, 색연필

이야기 나누기

- 하나님이 이스라엘 백성을 위해 만들어 주신 두 개의 돌판은 왜 부서졌나요?
- 모세는 하나님만 사랑하지 않고 금송아지를 만들어 섬기는 죄를 지은 이스라엘 백성을 위해서 무엇을 했나요?

❶ 하나님이 이스라엘 백성을 위해 특별한 규칙을 적어 주신 돌판이 부서졌다고 설명해 준다.

❷ 부서진 돌판의 알맞은 조각을 찾아 선을 그어 보라고 한다.

인도자 모세는 산에서 하나님과 대화를 나누었어요. 하나님은 이스라엘 백성을 위한 10가지의 특별한 규칙을 직접 돌판에 써 주셨어요. 그런데 하나님이 모세에게 빨리 산 아래로 내려가라고 하셨어요. **이스라엘 백성이 금송아지를 만들어 섬겼기 때문이에요!** 모세는 너무 화가 나서 돌판들을 던져서 부수었어요! 이스라엘 백성은 하나님만을 섬기라는 말씀에 불순종하는 죄를 지었고, 모세는 그들의 죄를 용서해 달라고 하나님께 구했어요.

예수님은 우리의 죄를 모두 다 없애 주기 위해 십자가에서 죽으셨어요. 하나님은 예수님을 믿는 사람이 죄를 지으면 사랑으로 용서해 주세요.

금송아지를 쓰러뜨려요 ＊

준비물 ▶ 139쪽 '금송아지' 그림(또는 지도자용 팩), 물이 10분의 1만 담긴 1.5L 페트병(10개), 셀로판테이프, 장난감 볼링공, 컬러 박스 테이프

❶ 139쪽 '금송아지' 그림(또는 지도자용 팩)을 물이 10분의 1만 담긴 1.5L 페트병 10개에 각각 붙여 금송아지 볼링 핀을 만들어 둔다.

❷ 예배실 바닥에 금송아지 볼링 핀을 뒤에서부터 차례대로 4개, 3개, 2개, 1개 배열한다.

❸ '금송아지들'로부터 일정 거리를 두고 컬러 박스 테이프를 이용해 출발선을 표시해 둔다. 아이들을 출발선 뒤로 한 줄로 세운다.

❹ 맨 앞에 선 아이에게 장난감 볼링공을 주고, 공을 굴려 '금송아지들'을

쓰러뜨리게 한다. 모든 아이가 '금송아지들'을 쓰러뜨릴 수 있도록 게임을 계속한다.

인도자 모세는 산 위에서 하나님과 대화를 나누었어요. 그런데 이스라엘 백성은 모세가 산에서 내려오는 것을 기다리다가 지쳤어요. 그들은 아론에게 다른 신이 필요하다고 말했어요. 모세에게 어떤 일이 일어났는지 알지 못했기 때문이에요. 그들은 금송아지가 자신들을 이집트에서 인도해 냈다고 말했지만, 그것은 사실이 아니었어요! 모세는 너무 화가 나서 돌판들을 던져 부수었어요! 이스라엘 백성은 하나님께 불순종했고, 모세는 그들을 용서해 달라고 하나님께 구했어요. 예수님은 우리의 죄를 모두 다 없애 주기 위해 십자가에서 죽으셨어요. 하나님은 예수님을 믿는 사람들의 죄를 용서해 주세요.

tip '금송아지' 그림을 우드락에 붙여 두고 "다른 신은 없어요!"라고 외치며 '금송아지'를 주먹으로 격파하는 활동으로 변형해도 좋다. 이때 조각들을 담을 비닐봉투를 준비한다.

하나님만 사랑해요 ✶

> **준비물 ▶** 컬러 박스 테이프, 장애물(튜브, 블록 등), 빨간색 전지, 가위, 셀로판테이프, 하트 스티커

❶ 컬러 박스 테이프를 이용해 출발선을 표시하고, 빨간색 전지를 이용해 큰 하트를 만들어 출발선 반대편 벽에 붙여 놓는다.

❷ 출발선과 큰 하트 사이에 다양하고 안전한 물건을 사용해 장애물을 설치해 둔다.

❸ 아이들에게 하트 스티커를 하나씩 나누어 준 뒤 출발선 뒤로 한 줄로 세운다.

❹ 인도자가 "하나님만 사랑해요!"라는 말로 출발 신호를 보내면, 차례대로 출발해 장애물을 피해 하트 스티커를 큰 하트에 붙이고 돌아오면 된다는 게임의 규칙을 설명해 준다.

tip 팀을 나누어 경기해도 좋다.

인도자 우리는 하나님을 예배해야 해요. 그런데 **이스라엘 백성은 금송아지를 섬겼어요.** 그들은 하나님께 불순종했고, 모세는 그들을 용서해 달라고 하나님께 간구했어요. 우리는 모두 죄를 지었고, 결코 죄가 없으신 예수님은 우리의 죄를 없애 주시기 위해 십자가에서 죽으셨어요. 사랑의 하나님은 예수님을 믿는 사람들의 모든 죄를 용서해 주세요.

성경 이야기를 그려 보아요 ✶

> **준비물 ▶** 색연필, 도화지

❶ 아이들에게 오늘의 성경 이야기 중에서 가장 생각나는 장면을 도화지에 그려 보라고 한다.

❷ 한 명씩 차례대로 자신이 그린 성경 이야기 그림을 설명하는 시간을 갖는다.

인도자 **이스라엘 백성은 금송아지를 섬겼고,** 모세는 죄를 없애 달라고 하나님께 용서를 구

했어요. 이스라엘 백성은 하나님 대신 하나님이 창조하신 것을 섬긴 거예요! 이처럼 우리가 하나님보다 더 사랑하며 하나님을 대신 하는 것을 '우상'이라고 해요. 모세는 우상을 섬기는 죄를 지은 이스라엘 백성을 위해 하나님께 용서해 달라고 구했어요. 이제 우리에게는 예수님이 계세요. 우리를 위해 십자가에 달리셔서 대신 죄를 없애 주신 예수님을 믿는 사람이라면 누구나 죄를 용서받아요.

용서의 실험을 해 보아요 ✳

준비물 ▶ 빨간 색깔의 십자가, 비타민C정, 목공용 풀, 요오드 용액, 투명 컵, 물, 스포이드

❶ 빨간 색깔의 십자가 뒤편에 목공용 풀을 이용해 비타민C정 2개를 붙여 둔다. 아이들이 눈치채지 못하도록 주의한다.

❷ 투명 컵에 물을 3분의 2 정도 담아 놓는다.

❸ 아이들에게 하나님께 고백하고 싶은 죄가 있는지 물어본다. 죄에 대해 하나씩 이야기할 때마다 스포이드를 이용해 요오드 용액을 한 방울씩 넣는다. 아이들이 투명색 물이 검은색으로 변하는 모습을 관찰할 수 있도록 지도한다. 죄로 인해 우리의 마음이 이처럼 어두워졌다고 이야기해 준다.

　tip　스포이드에 '죄'라고 써 붙여도 좋다.

❹ 우리가 이야기한 모든 죄를 결코 죄가 없으신 예수님이 없애 주셨다고 말하면서 ❶로 검게 변해 버린 물을 젓는다.

　tip　검은색 물이 빨리 투명하게 변하도록 미리 실험해 보고 비타민C정의 개수를 조절한다.

❺ 투명하게 변하는 물을 관찰하며 우리의 죄를 용서해 주시는 예수님에 대해 이야기를 나누어 본다.

인도자 이스라엘 백성은 모세가 산에서 내려오는 것을 기다리다가 지쳤어요. 그들은 아론에게 다른 신이 필요하다고 말했어요. 모세에게 어떤 일이 일어났는지 알지 못했기 때문이에요. **이스라엘 백성은 금송아지를 섬겼어요.** 그들은 하나님께 불순종했고, 모세는 그들을 용서해 달라고 하나님께 구했어요.

우리는 모두 죄를 지었고, 결코 죄가 없으신 예수님은 우리의 죄를 없애 주시기 위해 십자가에서 죽으셨어요. 사랑의 하나님은 예수님을 믿는 사람들의 모든 죄를 용서해 주세요.

소곤소곤 꿀~떡  간식

준비물 ▶ 소고기 육포

❶ 카운트다운 영상, 정리하기 노래 등을 활용해 활동이 끝났음을 알린다. 아이들에게 주변을 정리하게 하고, 화장실에 가거나 물티슈 등을 이용해 손을 씻을 시간을 준다.

❷ 감사 기도를 드리고 소고기 육포를 간식으로 나누어 준다. 아이들에게 이스라엘 백성이 모세를 기다리다 지쳐 금송아지를 만들어 섬겼다는 오늘의 성경 이야기를 떠올려 준다. 우리도 죄를 지었고, 결코 죄가 없으신 예수님이 우리의 죄를 없애 주시기 위해 십자가에서 죽으셨다고 이야기해 준다. 사랑의 하나님은 예수님을 믿는 사람들의 모든 죄를 용서해 주신다고 말해 준다.

❸ 간식을 먹은 후 마무리 정리를 잘하도록 지도한다.

오순도순  마무리

준비물 ▶ 유치부 교재 41쪽 메시지 카드, 소그룹 활동지, 파일

❶ 이번 주 메시지 카드로 부모님과 함께 오늘 배운 성경 이야기를 나누어 보라고 한다.

가족과 활동해요

• 우리 가정에 하나님을 예배하는 데 방해되는 물건이나 가족 활동이 있다면 함께 이야기해 보세요. 우리 가정에서 우상을 하나씩 제거해 보세요.

• 찬양을 드리며 하나님께 예배하고 함께 기도하세요.

❷ 소그룹 활동지를 떼어 파일에 끼우고 가방에 정리하게 한다.

❸ 아이들을 위해 기도한다.

> 인도자 거룩하신 하나님만이 예배를 받으실 수 있어요. 우리가 하나님을 가장 사랑하지 못하고 예배하지 못한 순간이 있었음을 고백해요. 그러한 우리를 용서해 주시기 위해 예수님을 이 땅에 보내 주셔서 감사해요. 예수님은 결코 죄가 없으시지만 하나님께 온전히 순종하셨어요. 예수님을 보내셔서 우리가 예수님을 믿을 때 우리를 죄로부터 구원해 주셔서 감사해요. 예수님의 이름으로 기도합니다. 아멘.

❹ 아이를 데리러 온 부모에게 아이가 특별히 즐거워했거나 잘했던 활동들에 대해 이야기해 주고, 가정에서 성경 읽기와 가족 활동을 진행할 수 있도록 격려한다.

✏️ **나만의 기록장**

하나님만 사랑하는 내 모습 그리기

2 단원

거룩하신 하나님

구원받은 이스라엘 백성은 약속의 땅으로 향했습니다. 하나님은 이스라엘 백성이 따라야 할 율법을 주셔서 어떻게 살아야 할지를 알려 주시고, 하나님의 거룩하심을 이해할 수 있도록 도우셨습니다. 또한 하나님은 제사를 위한 규칙을 알려 주셨습니다. 하나님의 율법은 이스라엘 백성에게 율법을 완전하게 지킬 수 있는 자는 아무도 없다는 것과 의로워지는 유일한 길은 예수 그리스도를 믿는 믿음을 통해서라는 것을 알려 주었습니다.

십계명
"하나님을
사랑하라"

십계명
"이웃을
사랑하라"

성막을
지었어요

하나님의
언약을
기억해요

오직
하나님만
예배해요

하나님이
제사의 규칙을
정해 주셨어요

THE GOSPEL PROJECT / GOD DELIVERS

카운트다운

로봇

카운트다운 영상(**지도자용 팩**)은 예배 대형으로 모이거나 대형을 바꾸며 준비할 시간을 알리는 데 활용한다. 익숙해질 때까지 중간에 남은 시간을 알리는 것도 좋다.
예) "1분 전입니다", "30초 전입니다. 마음을 가다듬고 기도하며 하나님께 나아갑시다" 등.

단원 암송

나는 너희의 하나님이 되려고 너희를 애굽 땅에서 인도하여 낸 여호와라 내가 거룩하니 너희도 거룩할지어다(레 11:45).

레위기 11:45

원곡 : 새찬송가 478장(참 아름다워라)

작곡 : M. D. Babcock
편곡 : 김효정

6

십계명
"하나님을 사랑하라"

(출 19:1~20:11, 31:18)

주제

하나님은 우리에게 규칙을 주셔서 하나님의 거룩하심을 나타내셨어요.

예수님 생각하기

우리의 죄는 우리를 하나님으로부터 멀어지게 했어요. 하지만 예수님은 우리를 다시 하나님께로 인도하셨어요. 예수님은 거룩하시고 결코 죄를 지은 적이 없는 분이세요. 예수님을 믿으면 우리의 죄를 용서받을 수 있어요.

단원 암송

레 11:45

성경의 초점

누가 하나님의 법을 완전하게 지킬 수 있나요? 예수님 외에는 아무도 없어요.

하나님은 이스라엘 백성을 이집트의 노예 생활에서 구하셨습니다. 그리고 그들을 시내산으로 향하는 광야로 인도하셨습니다. 이스라엘 백성은 산 아래 장막을 쳤고, 모세는 하나님과 만나기 위해 산 위에 올라갔습니다. 하나님은 모세에게 이스라엘 백성이 순종해야 할 율법을 전해 주셨습니다. 그러면서 하나님은 아브라함, 이삭, 야곱, 그리고 모든 이스라엘과 맺은 언약을 새롭게 하셨습니다. 이스라엘은 하나님의 백성이 되고, 하나님은 그들의 하나님이 되셨습니다(출 19:5~6).

하나님은 이스라엘 백성의 완전한 순종을 원하셨습니다. 하나님의 율법은 그들의 삶의 모든 부분을 다루었고, 십계명으로 요약되었습니다. 하나님은 율법을 단지 지키기 위한 목적으로 주지 않으셨습니다. 하나님의 율법에는 목적이 있었습니다. 율법은 사람들에게 그리스도께서 그분의 왕국을 세우시면 어떠한 삶을 살게 될 것인지를 보여 주었습니다. 율법은 사람들이 얼마나 의롭게 살아야 하는지, 그리고 하나님과 이웃과 어떻게 소통해야 하는지를 알려 주었습니다.

십계명은 두 개의 범주로 나뉩니다. 전반부의 네 계명은 하나님과 사람의 관계를 다루고, 후반부의 여섯 계명은 이웃과의 관계를 다룹니다. 단 10개뿐이니 그 법을 지키기란 수월할 것만 같습니다. 그렇지만 이스라엘 백성은 그들이 단지 하나의 율법조차도 지킬 수 없다는 것을 증명했습니다. 그들의 마음은 죄로 가득 차 있었기 때문입니다.

모세는 이스라엘 백성의 중재자가 되어 이스라엘 백성의 죄를 사해 달라고 하나님께 구했습니다. 모세는 훌륭한 중재자였지만 완전하지는 못했습니다. 이스라엘 백성은 율법을 완전히 지키고, 하나님과 이스라엘 백성 사이를 중재해 줄 수 있으며, 그들을 향한 하나님의 분노를 감당할 수 있는 누군가를 필요로 했습니다. 그분은 바로 예수님이십니다(딤전 2:5).

● ● 티칭 포인트

아이들도 죄 된 마음을 가지고 있습니다. 우리 모두는 하나님께 완전히 순종하지 못하며, 따라서 구세주가 필요하다는 사실을 알려 주십시오. 아이들에게 예수님을 소개하고, 예수님은 죄가 없으신 분이라고 말해 주십시오. 예수님 때문에 우리가 하나님과 올바른 관계를 맺을 수 있게 되었다는 사실도 가르쳐 주십시오.

십계명 "하나님을 사랑하라"

출 19:1~20:11, 31:18

모세와 이스라엘 백성은 광야에 있었어요. 그들은 시내산 앞에 장막을 쳤어요. 하나님은 이스라엘 백성을 이집트의 포로 생활에서 구하셨고, 그들을 하나님의 특별한 백성으로 만들려는 계획을 갖고 계셨지요. 그래서 이스라엘 백성과 언약을 맺기 원하셨어요.

모세는 시내산으로 올라갔어요. 하나님이 모세를 불러 말씀하셨어요. "너는 이스라엘 자손에게 이렇게 말하라. '너희는 내가 이집트 사람들에게 어떻게 행했는지 보았고, 너희를 어떻게 인도했는지 보았다. 그러므로 이제 너희가 내게 완전히 순종하고 내 언약을 지키면 너희는 내 백성이 될 것이다.'" 모세가 사람들에게 돌아가 하나님의 말씀을 전하자 모두 이렇게 말했어요. "여호와께서 말씀하신 대로 다 행하겠습니다."

모세는 하나님께로 돌아가서 백성의 말을 전해 드렸어요. 그러자 하나님이 모세에게 말씀하셨어요. "내가 빽빽한 구름 가운데서 네게 내려갈 것이다. 이는 이 백성이 내가 너와 말하는 것을 듣고 너를 영원히 믿게 하려는 것이다." 모세는 이스라엘 백성에게 하나님이 하신 말씀을 전했어요. 그리고 이스라엘 백성이 하나님을 기다리며 준비하게 했지요.

셋째 날 아침에 천둥, 번개가 치고 빽빽한 구름이 산 위를 덮은 가운데 우렁찬 나팔 소리가 울려 퍼졌어요. 장막에 있던 모든 백성이 벌벌 떨었지요. 모세는 하나님을 만나기 위해 백성을 진 밖으로 데리고 나와서 산기슭에 세웠어요. 시내산은 온통 연기로 뒤덮였고, 하나님이 불 가운데서 그곳에 임하셨어요. 그리고 연기가 피어올라 산을 덮었어요. 산 전체가 크게 흔들리며, 나팔 소리가 점점 크게 들렸어요. 하나님은 백성이 여호와를 보려 산에 올라오지 못하도록 경고하셨어요.

하나님은 "나는 노예 생활 하던 너를 이집트에서 인도해 낸 너의 하나님 여호와다"라고 말씀하시면서 모세에게 십계명을 주셨어요. 제1계명부터 제4계명까지 처음 네 계명들은 이스라엘 백성에게 하나님과 바른 관계를 맺는 방법에 대해 알려 주었어요. "나 외에 다른 신을 섬기지 말라", "하나님보다 더 좋아하는 것을 만들거나 따르지 말라", "하나님의 이름을 함부로 부르지 말라", "안식일을 기억하여 거룩하게 지키라."

하나님은 시내산에서 모세에게 말씀을 다 하신 뒤 십계명이 적힌 돌판을 주셨어요. 이것은 하나님이 직접 손가락으로 새기신 것이랍니다(출 31:18, 우리말성경).

●● 예수님 생각하기

우리의 죄는 우리를 하나님으로부터 멀어지게 했어요. 하지만 예수님은 우리를 다시 하나님께로 인도하셨어요. 예수님은 거룩하시고 결코 죄를 지은 적이 없는 분이세요. 예수님을 믿으면 우리의 죄를 용서받을 수 있어요.

가스펠 준비

싱글벙글 😊 **환영해요**

"거룩하라"(지도자용 팩)를 튼다. 아이들을 반갑게 맞이하며 헌금과 기도를 도와준다. 예배 중 헌금 순서가 있다면 아이들이 헌금을 잘 간수하도록 돕는다. 가방과 외투를 정리하도록 안내한다. 새로 온 아이가 있다면 음수대와 화장실의 위치를 알려 주고, 보호자와 만나는 시간과 방법 등을 소개한다. 보호자들을 위한 안내문을 붙여 아이와 만나는 시간, 기다리는 장소, 헌금 방법, 아이에 대한 특별한 주의 사항을 교사에게 미리 알려 주기 등을 공지한다.

너랑 나랑 😊 **마음 열기**

주제와 관련 있는 퍼즐이나 블록 등 아이들이 좋아하는 장난감을 몇 가지 비치해 두고 다양한 활동을 하며 예배를 준비하도록 돕는다. 아이들이 마음을 열고 오늘의 주제에 관심을 갖게 하며 예배에 집중할 수 있도록 도와준다. 교회 형편에 맞게 시간과 활동 방법을 조절한다.

가장 좋아하는 것은? ∗ - ▶ 준비물 ▶ 유치부 교재 16쪽, 색연필

> **이야기 나누기**
> - 그림에는 없지만 내가 가장 좋아하는 것이 있다면 무엇인가요?
> - 만약 하나님(예수님)보다 더 좋은 것이 있다면 어떻게 해야 할까요?

❶ 그림 중에서 가장 좋아하는 것은 무엇인지, 무엇을 할 때 가장 기분이 좋은지 딱 한가지에만 ○표 하게 한다.

❷ 그것이 왜 좋은지 친구와 이야기를 나누어 보라고 한다. 우리가 가장 좋아해야 하고 섬겨야 할 분은 하나님이시라고 말해 준다.

> **인도자** 하나님은 우리에게 많은 놀라운 것을 주셔서 우리가 좋아할 수 있게 하셨어요. 그렇지만 하나님이 주신 그 어떤 것보다도 하나님이 가장 좋은 분이세요. 하나님을 가장

사랑할 때 우리는 가장 행복하진답니다. 하나님은 이스라엘 백성에게 하나님을 가장 사랑하는 것이 무엇인지 알려 주셨어요.

콩 주머니를 전달해요 ✳ 준비물 ▶ 콩 주머니

❶ 아이들을 마주 보고 둥글게 앉힌다.

❷ 아이들에게 인도자가 말해 주는 규칙을 따르면서 콩 주머니를 옆 친구에게 가능한 한 빨리 전달하는 게임이라고 설명해 준다.

　예) • 오른쪽/왼쪽에 앉아 있는 친구에게 콩 주머니를 전달하세요.

　　　• 두 손으로 콩 주머니를 전달하세요.

　　　• 콩 주머니를 한 번 두드린 후 전달하세요.

　tip 연령대가 낮은 경우 콩 주머니를 전달하는 방향만 바꾸는 것이 좋다.

　인도자 게임의 규칙을 아주 잘 따랐어요! 오늘 우리는 하나님이 이스라엘 백성에게 주신 규칙들이 무엇인지, 그리고 규칙을 지키지 않은 그들을 구원하시는 하나님의 계획에 대해 배울 거예요.

숫자 1부터 10까지 차례대로 걸어요 ✳ 준비물 ▶ 마스킹 테이프

❶ 예배실 입구 쪽 바닥에 마스킹 테이프를 이용해 네모 10개를 만들고 1부터 10까지 차례대로 표시해 둔다.

❷ 아이들에게 예배실에 들어올 때 바닥에 있는 숫자를 1부터 10까지 차례대로 밟으며 들어오라고 한다.

❸ 선을 밟지 않고 들어오기 위한 다양한 규칙을 알려 준다.

　예) 한 발로만 뛰기, 두 발 모아 뛰기, 양발 번갈아 뛰기 등.

❹ 인도자는 숫자 10이 적힌 네모 옆에 서 있다가 도착한 아이들과 하이파이브를 한다.

　인도자 잘했어요! 선을 밟지 않고 숫자 10까지 잘 왔네요! 하나님은 이스라엘 백성에게 10가지 중요한 규칙을 주셔서 하나님의 거룩하심을 알게 하셨어요. '하나님은 거룩하시다'라는 말은 하나님은 항상 옳은 일을 행하시고 잘못된 일을 하지 않으신다는 뜻이에요.

 **예배 대형으로 모이기**

- 카운트다운 영상, 모이기 노래 등을 활용해 예배 대형으로 바꾸고 마음을 준비하게 한다.
- 공간을 이동해야 한다면 기도하듯 손을 모으며 가도록 한다.

가스펠
설교

하나 들어가기

아이들과 함께 숫자 1부터 10까지 세면서 오늘의 성경 이야기를 시작한다. 숫자를 세는 동안 열 손가락을 공중에 높이 들어 숫자를 표시한다. 아이들에게 따라 하라고 한다.

오늘 우리는 하나님이 이스라엘 백성에게 주신 10가지 특별한 규칙에 대해 배울 거예요. 하나님이 10가지 규칙을 주신 이유가 무엇인지 함께 들어 보아요.

둘 성경 이야기

출애굽기 19~20, 31장을 편다. 설교 영상(지도자용 팩)을 보여 주거나 이야기 성경을 들려준다.

성경은 하나님의 말씀이에요. 하나님의 말씀은 매우 중요해요. 성경에 나오는 모든 이야기는 사실이에요. 오늘의 성경 이야기는 성경의 두 번째 책인 '출애굽기'에 나온답니다.

셋 메시지와 정리

하나님은 우리에게 규칙을 주셔서 하나님의 거룩하심을 나타내셨어요. 하나님은 의롭거나 선한 일을 하려고 노력하실 필요가 없으세요. 하나님이 하시는 모든 일은 선하고 의롭기 때문이에요! 우리의 죄는 우리를 하나님으로부터 멀어지게 했어요. 하지만 예수님은 우리를 다시 하나님께로 인도하셨어요. 예수님은 거룩하시고 결코 죄를 지은 적이 없는 분이세요. 예수님을 믿으면 우리의 죄를 용서받을 수 있어요.

연대표(지도자용 팩)를 가리키면서 복습 질문을 한다.

1. 하나님은 이스라엘 백성이 하나님의 언약을 지키면 누구의 백성이 될 것이라고 말씀하셨나요? 하나님의 백성
2. 하나님이 이스라엘 백성에게 주신 규칙이 무엇인가요? 십계명
3. 십계명 중에서 하나님과 바른 관계를 맺는 방법에 대해 알려 주는 계명들은 몇 번째 계명들인가요? 제1계명부터 제4계명
4. 하나님은 모세에게 말씀을 다 하신 뒤 무엇을 주셨나요? 하나님이 직접 손가락으로 새기신 십계명이 적힌 두 개의 돌판

넷 — 성경의 초점

십계명은 우리에게 하나님이 어떤 분이신지, 그리고 하나님께 순종한다는 것이 무엇인지 보여 주어요. 우리는 죄인이고, 잘못된 선택으로 하나님이 주신 규칙들을 지키지 못했어요. 이제부터 우리는 새로운 '성경의 초점'을 배울 거예요. 궁금하지요? 2단원의 '성경의 초점' 질문은 **"누가 하나님의 법을 완전하게 지킬 수 있나요?"**예드. 답은 **"예수님 외에는 아무도 없어요"**랍니다. 이 세상의 누구도 하나님의 법을 완전하게 지킬 수 없어요. 오직 예수님만 그렇게 하셨지요. 한번 따라 해 보세요. **누가 하나님의 법을 완전하게 지킬 수 있나요? 예수님 외에는 아무도 없어요.** 하나님은 예수님을 보내 우리를 죄로부터 구원하셨어요.

다섯 — 복음 초청

성경과 104쪽 복음 초청 가이드를 이용해서 아이들에게 그리스도인이 되는 법을 설명해 준다. 따로 상담해 줄 사람을 정해 주고 궁금한 점이 있으면 물어보도록 격려한다.

이 시간 예수님을 믿고 마음에 모시고 싶은 친구는 함께 기도해요.

여섯 — 기도

하나님, 하나뿐인 아들이신 예수님을 이 땅에 보내 우리를 죄에서 구원해 주셔서 감사드려요. 우리의 죄를 대신해 죽으신 거룩하신 예수님을 찬양해요. 우리가 온전히 하나님을 사랑하고 하나님께 순종할 수 있도록 도와주세요. 예수님의 이름으로 기도합니다. 아멘.

일곱 — 암송송

성경에서 레위기 11장 45절을 펴고 큰 소리로 여러 번 따라 읽게 한다.

하나님은 이스라엘 백성을 구해 약속의 땅으로 이끄시는 놀라운 계획을 갖고 계셨어요. 하나님은 죄의 노예가 된 우리도 구원하실 놀라운 계획을 세우셨어요. 죄와 완전히 구별되는 거룩하신 하나님은 우리가 거룩한 백성으로 살아가기를 바라세요.

암송송(141쪽)에 맞추어 손유희를 하며 말씀을 익힌다.

"나는 너희의 하나님이 되려고 너희를 애굽 땅에서 인도하여 낸 여호와라 내가 거룩하니 너희도 거룩할지어다"(레 11 : 45).

tip 전체 구절 암송이 어려운 경우에는 표시 부분을 발췌해 외워도 좋다.

가스펠 소그룹

알콩달콩 말씀 놀이

십계명은 사랑의 선물~

준비물 ▶ 유치부 교재 17쪽, 37쪽 '하트 문', 풀

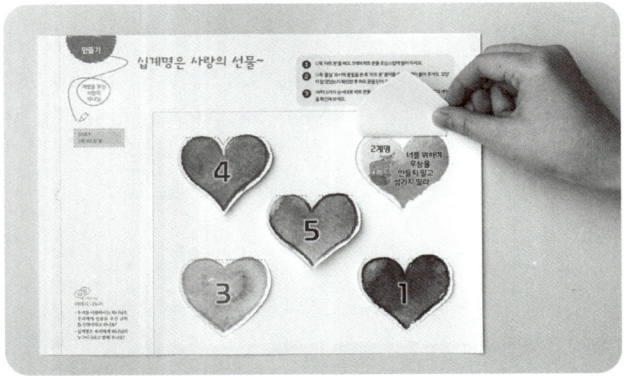

이야기 나누기

- 우리를 사랑하시는 하나님이 우리에게 선물로 주신 규칙을 무엇이라고 하나요?
- 십계명은 우리에게 하나님이 누구이시라고 말해 주나요? (오직 한 분, 진짜 하나님)

❶ 유치부 교재 37쪽 '하트 문'을 떼어 낸 후 5개의 하트 문을 조심스럽게 열고 접는 선대로 접게 한다.

❷ 유치부 교재 17쪽의 '풀칠' 표시에 풀을 바른 후 ❶을 포개어 붙이라고 한다. 하트 모양이 잘 맞았는지 확인하고 하트 문을 닫도록 지도한다.

❸ 숫자 1부터 5까지 순서대로 하트 문을 열면서 하나님이 우리에게 주신 사랑의 계명들을 확인해 보는 시간을 갖는다.

> **인도자** 하나님은 시내산에서 모세를 만나셨어요. 하나님이 모세에게 말씀하시는 동안 산은 구름으로 덮였어요! 산 위에서 **하나님은 우리에게 규칙을 주셔서 하나님의 거룩하심을 나타내셨어요.** 우리의 죄는 우리를 하나님으로부터 멀어지게 했어요. 하지만 예수님은 우리를 다시 하나님께로 인도하셨어요. 예수님은 거룩하시고 결코 죄를 지은 적이 없는 분이세요. 예수님을 믿으면 우리의 죄를 용서받을 수 있어요.

시내산에서 나팔 소리가 들려요 ＊

준비물 ▶ 초록색 계열의 색도화지, 가위, 솜, 박스 테이프, 흰색 도화지, 셀로판테이프, 스티커, 크레파스

❶ 초록색 계열의 색도화지를 이용해 '시내산'을 만들어 예배실 벽에 붙이고, 박스 테이프를 접착 면이 밖으로 향하도록 동그랗게 말아 산 주위에 붙여 둔다.

❷ 아이들에게 솜으로 '구름'을 만들게 하고 '시내산'에 붙여 구름이 피어오르는 장면을 꾸미게 한다.

❸ 흰색 도화지를 나팔 모양으로 돌돌 말고 끝부분을 셀로판테이프로 고정해 나팔을 만들게 한다.

> **tip** 완성된 나팔에 스티커를 붙이거나 크레파스로 그림을 그려 장식해도 좋다.

❹ 나팔을 불며 시내산에 임하신 하나님의 거룩하심을 상상해 보게 하고 이야기를 나누어 본다.

인도자 하나님은 시내산을 구름으로 덮으셨고, 이스라엘 백성은 우렁찬 나팔 소리를 듣고 두려워했어요! 하나님은 거룩하시지만 이스라엘 백성은 거룩하지 못했어요 **하나님은 우리에게 규칙을 주셔서 하나님의 거룩하심을 나타내셨고,** 우리가 하나님과 올바른 관계를 맺기 원하셨어요. 우리의 죄는 우리를 하나님으로부터 멀어지게 했어요. 하지만 예수님은 우리를 다시 하나님께로 인도하셨어요.

하나님의 명령을 기억해요 *

준비물 ▶ 빨간색·초록색 색도화지 가위

❶ 빨간색·초록색 색도화지를 아이들의 손바닥만 한 크기로 잘라 둔다. 각각 아이들의 수만큼 준비한다.

❷ 아이들에게 ❶을 각각 한 장씩 나누어 준다.

❸ 인도자가 말하는 규칙을 듣고 하나님이 만드신 규칙인 십계명이라고 생각되면 '초록색' 종이를, 인도자가 만든 규칙이라고 생각되면 '빨간색' 종이를 들면 된다는 게임의 규칙을 말해 준다.

예) • 나 외에 다른 신을 섬기지 말라(초록색).
　　• 매일 피자를 먹어라(빨간색).
　　• 하나님보다 더 좋아하는 것을 만들거나 따르지 말라(초록색).
　　• 잘 때는 신발을 신어라(빨간색).
　　• 하나님의 이름을 함부로 부르지 말라(초록색).
　　• 하루에 이를 세 번 닦아라(빨간색).
　　• 안식일을 기억하여 거룩하게 지키라(초록색).

인도자 규칙은 매우 중요해요. 집이나 교회, 학교에는 모두 규칙이 있어요. **하나님은 우리에게 규칙을 주셔서 하나님의 거룩하심을 나타내셨어요.** 우리의 죄는 우리를 하나님으로부터 멀어지게 했지만 예수님은 우리를 다시 하나님께로 인도하셨어요

함께해요, 성경 여행! *

준비물 ▶ 성경책(이 과의 주제가 담긴 그림 성경책) 텐트

❶ 여러 권의 성경책을 준비해 텐트 안에 넣어 두고 아이들과 함께 텐트 안에 들어가 성경책을 펴서 오늘의 성경 이야기가 담긴 부분을 읽어 주거나 이 과의 주제가 담긴 그림 성경책을 읽어 준다.

tip 텐트를 준비하기 어려운 경우 담요로 책상을 덮고 보면대 등을 사용해 텐트처럼 꾸민 뒤 활동을 진행해도 좋다.

인도자 성경에서 **하나님은 우리에게 규칙을 주셔서 하나님의 거룩하심을 나타내셨어요.** 그런데 우리는 거룩하지 않아요. 우리는 잘못된 선택을 하고 순종하는 것을 힘들어하기도 해요. 우리의 죄는 우리를 하나님으로부터 멀어지게 했어요. 하지만 예수님은 우리를 다시 하나님께로 인도하셨어요. 예수님은 거룩하시고 결코 죄를 지은 적이 없는 분이세요. 예수님을 믿으면 우리의 죄를 용서받을 수 있어요.

소곤소곤 꿀~꺽  간식

준비물 ▶ 크래커, 막대 과자

❶ 카운트다운 영상, 정리하기 노래 등을 활용해 활동이 끝났음을 알린다. 아이들에게 주변을 정리하게 하고, 화장실에 가거나 물티슈 등을 이용해 손을 씻을 시간을 준다.

❷ 감사 기도를 드리고 크래커 10개와 막대 과자 10개를 간식으로 나누어 준다. 아이들과 함께 숫자 1부터 10까지 세면서 간식을 먹는다. 아이들이 간식을 먹는 동안 하나님이 이스라엘 백성에게 십계명을 주셔서 하나님의 거룩하심을 나타내셨다는 것을 기억하게 해 준다. 십계명 중 제1계명부터 제4계명까지 처음 네 계명은 '하나님을 사랑하는 것'에 대해 이야기한다고 말해 준다.

❸ 간식을 먹은 후 마무리 정리를 잘하도록 지도한다.

오순도순  마무리

준비물 ▶ 유치부 교재 41쪽 메시지 카드, 소그룹 활동지, 파일

❶ 이번 주 메시지 카드로 부모님과 함께 오늘 배운 성경 이야기를 나누어 보라고 한다.

> **가족과 활동해요**
> • 규칙에 대해 이야기를 나누고, 규칙을 어기면 어떤 결과가 일어나는지에 대해 생각해 보세요. 때로는 어른들도 규칙을 지키지 못한다고 아이들에게 이야기해 주세요.
> • 우리 가족이 이번 주에 지킬 수 있는 재미있는 규칙을 만들어 보세요.

❷ 소그룹 활동지를 떼어 파일에 끼우고 가방에 정리하게 한다.

❸ 아이들을 위해 기도한다.

> 인도자 하나님, 하나님의 거룩하심을 찬양해요. 하나님은 언제나 옳고 선한 일을 행하세요! 아들이신 예수님을 이 땅에 보내 우리를 죄에서 구원해 주셔서 감사해요. 예수님은 하나님께 온전히 순종하셨어요. 십자가에서 죽으시고 부활하셔서 우리를 구원하셨지요. 우리가 하나님을 믿을 때 우리의 마음을 바꾸어 주셔서 우리가 하나님을 사랑하고 하나님께 순종할 수 있게 해 주셔서 감사해요. 예수님의 이름으로 기도합니다. 아멘.

❹ 아이를 데리러 온 부모에게 아이가 특별히 즐거워했거나 잘했던 활동들에 대해 이야기해 주고, 가정에서 성경 읽기와 가족 활동을 진행할 수 있도록 격려한다.

 나만의 기록장

"하나님만 사랑해요"라고 적기

7

십계명
"이웃을 사랑하라"

(출 20:12~17)

주제

하나님은 이웃을 사랑하라는 계명을 주셨어요.

예수님 생각하기

하나님이 주신 규칙은 하나님이 요구하시는 것이 무엇인지를 보여 주어요. 모든 사람은 죄를 지었어요. 완전한 사람은 예수님뿐이세요. 예수님은 모든 사람을 온전히 사랑하세요. 예수님은 사람들을 매우 사랑하셔서 그들의 죄를 대신해 죽으셨어요.

단원 암송 레 11:45

성경의 초점 누가 하나님의 법을 완전하게 지킬 수 있나요? 예수님 외에는 아무도 없어요.

출애굽한 이스라엘 백성이 약속의 땅으로 향하는 동안 하나님은 그들에게 율법을 주셔서 어떻게 살아야 할지 알려 주셨고, 이스라엘 백성이 하나님의 거룩하심을 이해할 수 있게 하셨습니다. 하나님의 율법은 삶의 모든 영역을 포함하며, 그 내용은 십계명에 요약되어 있습니다.

십계명은 두 개의 범주로 나뉩니다. 전반부의 네 계명은 하나님과 사람의 관계를 다루고, 후반부의 여섯 계명은 이웃과의 관계를 다룹니다. 예수님은 "네 마음을 다하고 목숨을 다하고 뜻을 다하여 주 너의 하나님을 사랑하라 하셨으니 이것이 크고 첫째 되는 계명이요 둘째도 그와 같으니 네 이웃을 네 자신같이 사랑하라 하셨으니 이 두 계명이 온 율법과 선지자의 강령이니라"(마 22:37~40)라고 말씀하셨습니다.

그러나 이 율법은 사람들이 지킬 수 있는 법이 아닙니다. 하나님은 지키기 위한 법을 주지 않으셨습니다. 율법은 목적을 가지고 있었습니다. 율법은 의로운 삶이 어떤 것인지를 이스라엘 백성에게 보여 주었습니다. 또한 '모세 언약'으로 알려진, 하나님이 이스라엘에게 주신 하나의 언약이었습니다(출 19:3~8).

하나님은 아브라함에게 땅에 있는 모든 족속이 그를 통해 복을 받게 될 것이라고 말씀하셨습니다(창 12:3). "아브라함이 하나님을 믿으매 그것이 그에게 의로 여겨진 바 되었느니라"(롬 4:3). 아브라함에게 주신 하나님의 약속은 예수님을 통해 성취되었습니다. 그러나 하나님은 율법을 주셔서 예수님이 오시기 전까지 사람들을 인도하셨습니다.

● ● **티칭 포인트**
아이들에게 십계명을 가르칠 때는 하나님의 마음에 들기 위해 꼭 지켜야 하는 규칙으로 여겨지지 않도록 주의하십시오. 하나님의 법은 선하며, 우리를 돕기 위한 법이라는 사실을 알려 주십시오. 성경은 우리 모두가 죄를 지어 하나님의 거룩한 기준에 미치지 못하며, 율법을 지키는 순종은 우리를 구원해 줄 수 없지만 예수님이 우리를 구원하기 위해 오셨다고 말합니다.

십계명 "이웃을 사랑하라"

출 20:12~17

모세와 이스라엘 백성은 어느덧 광야에 이르렀어요. 그들은 시내산 앞에 장막을 쳤어요. 하나님이 이집트에서 이스라엘 백성을 구해 내신 후 3개월이 지났을 때였지요. 하나님은 이스라엘 백성을 하나님의 특별한 백성으로 만들 계획을 갖고 계셨어요. 그래서 이스라엘 백성과 특별한 언약을 맺으셨어요. '언약'이란 '약속'이라는 뜻이에요.

하나님은 "너희가 내게 완전히 순종하고 내 언약을 지키면 너희는 내 백성이 될 것이다"라고 말씀하셨어요. 이스라엘 백성은 하나님이 말씀하신 대로 다 지켜 행하겠다고 대답했지요.

모세는 시내산으로 올라갔고, 하나님은 그곳에서 불 가운데 임하셨어요. 연기가 온 산을 덮었고, 천둥과 번개가 치고, 빽빽한 구름이 산을 덮고 있었지요. 산 전체가 크게 흔들리고 커다란 나팔 소리가 들렸어요. 하나님은 사람들이 여호와를 보러 산에 올라오지 못하게 하셨어요.

하나님이 말씀하셨어요. "나는 노예 생활하던 너를 이집트에서 인도해 낸 너의 하나님 여호와다." 그리고 모세에게 십계명을 주셨지요. 십계명 후반부의 여섯 계명은 이스라엘 백성이 이웃과 서로 어떤 관계를 맺어야 하는지에 대해 말해 주고 있어요. "부모를 공경하라", "사람을 죽이지 말라", "결혼의 약속을 지켜라", "도둑질하지 말라", "이웃에 대하여 거짓 증거하지 말라", "이웃의 것을 탐내지 말라."

이스라엘 백성은 하나님이 모세에게 하신 말씀을 듣고 두려워했어요. 그들은 하나님이 주신 규칙을 들었어요. 사람들은 모세에게 말했어요. "당신이 우리에게 말해 주십시오. 하나님이 우리에게 직접 말씀하시면 우리는 죽게 될 것입니다." 그러자 모세는 "두려워하지 마십시오. 하나님이 여러분에게 오신 이유는 여러분에게 하나님을 경외하는 마음이 있게 해 죄를 짓지 않게 하시려는 것입니다"라고 말했어요.

이스라엘 백성은 멀리 서 있고 모세는 하나님이 계신 깜깜한 어두움에 가까이 갔어요. 모세는 산 위에서 40일을 머물렀어요. 하나님은 모세에게 더 많은 하나님의 법을 가르쳐 주셨어요. 하나님은 시내산 위에서 모세에게 말씀하시기를 마치고 그에게 두 개의 돌판을 주셨어요. 바로 하나님이 직접 손가락으로 새기신 돌판이었지요(출 31:18, 우리말성경).

●● 예수님 생각하기

하나님이 주신 규칙은 하나님이 요구하시는 것이 무엇인지를 보여 주어요. 모든 사람은 죄를 지었어요. 완전한 사람은 예수님뿐이세요. 예수님은 모든 사람을 온전히 사랑하세요. 예수님은 사람들을 매우 사랑하셔서 그들의 죄를 대신해 죽으셨어요.

가스펠
준비

싱글벙글 ─── 😊 **환영해요**

"거룩하라"(지도자용 팩)를 튼다. 아이들을 반갑게 맞이하며 헌금과 기도를 도와준다. 예배 중 헌금 순서가 있다면 아이들이 헌금을 잘 간수하도록 돕는다. 가방과 외투를 정리하도록 안내한다. 새로 온 아이가 있다면 음수대와 화장실의 위치를 알려 주고, 보호자와 만나는 시간과 방법 등을 소개한다. 보호자들을 위한 안내문을 붙여 아이와 만나는 시간, 기다리는 장소, 헌금 방법, 아이에 대한 특별한 주의 사항을 교사에게 미리 알려 주기 등을 공지한다.

너랑 나랑 ─── 😊 **마음 열기**

주제와 관련 있는 퍼즐이나 블록 등 아이들이 좋아하는 장난감을 몇 가지 비치해 두고 다양한 활동을 하며 예배를 준비하도록 돕는다. 아이들이 마음을 열고 오늘의 주제에 관심을 갖게 하며 예배에 집중할 수 있도록 도와준다. 교회 형편에 맞게 시간과 활동 방법을 조절한다.

사방치기 놀이를 해요 ✱ ─────────────── 준비물 ▶ 마스킹 테이프(사방치기 러그)

❶ 예배실 바닥에 마스킹 테이프를 이용해 10칸의 사방치기 모양을 만들어 둔다.

　tip 사방치기 모양의 러그를 깔거나 다양한 사방치기 모양을 그려 활용해도 좋다.

❷ 아이들을 한 줄로 세운 후 차례대로 나와 1부터 10까지 통과하게 한다.

　tip 연령대에 따라 통과하는 방식을 달리하면 좋다. 예를 들어, 발뒤꿈치를 든 채 한 발로 통과하기, 발뒤꿈치만 바닥에 닿은 채 두 발 모아 통과하기 등.

❸ 아이들이 사방치기를 통과하는 동안 다 같이 큰 소리로 1부터 10까지 세어 준다.

　tip 1부터 10까지의 숫자를 다양한 언어로 불러 보면 좋다(중국어, 영어, 일본어 등).

　인도자 여러분, 참 잘했어요. 1부터 10까지 세어 준 친구들도 잘했어요! 오늘 우리는 하나님이 이스라엘 백성에게 주신 10개의 특별한 규칙에 대해 배울 거예요. 여러분의 집에도 규칙이 있나요? 학교나 교회는 어떠한가요? 왜 규칙이 필요할까요? 이제 하나님과 이웃을 사랑하기 위해 필요한 하나님의 규칙에 대해 배워 보아요.

"거룩하라" 찬양을 불러요 ✱

준비물 ▶ "거룩하라" MP3 (지도자용 팩)

❶ "거룩하라" 찬양을 다 함께 부른다.

> **인도자** 하나님은 거룩하세요. 여러분은 '거룩하신 하나님'이 무슨 뜻인지 알고 있나요? '거룩하신 하나님'이란 하나님은 언제나 선하시고, 사랑을 주시며, 옳은 일을 하시는 분이라는 뜻이에요. 하나님의 규칙은 언제나 선하고 거룩해요. 오늘 우리는 하나님의 규칙에 대해 배울 거예요.

거룩하라

작사 : 김민섭
작곡 : 김민섭

 **예배 대형으로 모이기**

- 카운트다운 영상, 모이기 노래 등을 활용해 예배 대형으로 바꾸고 마음을 준비하게 한다.
- 공간을 이동해야 한다면 '거룩'에 관한 찬양을 부르며 가도록 한다.

가스펠
설교

하나 — 들어가기

여러분은 누가 여러분을 사랑하는지 어떻게 알 수 있나요? 아이들의 대답을 기다린다. 우리는 지난주에 하나님의 10가지 특별한 규칙인 십계명에 대해 배웠어요. 제1계명부터 제4계명까지 처음 네 계명은 하나님을 어떻게 사랑하는지에 대해 우리에게 보여 주어요. 오늘은 하나님이 우리가 이웃을 어떻게 사랑하기를 원하시는지에 대해 배울 거예요. 하나님이 우리를 사랑하시고 예수님을 보내 주셨듯이 우리도 이웃을 사랑할 수 있어요.

둘 — 성경 이야기

출애굽기 20장을 편다. 설교 영상(지도자용 팩)을 보여 주거나 이야기 성경을 들려준다.

성경은 세상에서 가장 중요한 책이에요. 하나님은 하나님의 말씀을 성경에 담아 주셨어요. 성경에 있는 모든 이야기는 진리예요.

셋 — 메시지와 정리

하나님은 이웃을 사랑하라는 계명을 주셨어요. 하나님의 계명은 우리에게 완벽한 것에 대해 이야기해요. 그러나 누구도 하나님처럼 거룩할 수 없어요. 예수님 한 분을 빼고요! 예수님은 우리를 매우 사랑하셔서 십자가에서 죽으심으로 우리의 죄를 모두 가져가셨어요. 예수님은 예수님을 구주로 믿는 우리 역시 이웃을 사랑하기 원하세요.

연대표(지도자용 팩)를 가리키면서 복습 질문을 한다.

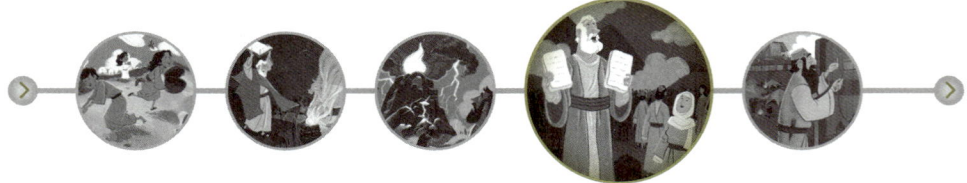

1. 십계명을 직접 쓰신 분은 누구이신가요? 하나님
2. 하나님은 십계명을 어디에 쓰셨나요? 두 개의 돌판
3. 십계명 후반부의 여섯 계명은 무엇에 대한 내용인가요? **하나님은 이웃을 사랑하라는 계 명을 주셨어요**
4. 오늘 우리가 배운 십계명을 말해 보세요. 부모를 공경하라, 사람을 죽이지 말라, 결혼의 약속 을 지켜라, 도둑질하지 말라, 이웃에 대하여 거짓 증거하지 말라, 이웃의 것을 탐내지 말라

넷 — 성경의 초점

2단원의 '성경의 초점'의 질문과 답은 **"누가 하나님의 법을 완전하게 지킬 수 있나요?"**, **"예수님 외에는 아무도 없어요"**랍니다. 아담과 하와가 처음으로 죄를 지은 이후로 모든 사람은 죄인이 되었어요. 죄인은 하나님의 법을 지킬 수 없어요. 우리는 이웃을 사랑해야 한다고 생각하면서도 그렇게 하지 못해요. 예수님은 모든 사람을 은전히 사랑하세요. 예수님은 사람들을 마우 사랑하셔서 그들의 죄를 대신해 죽으셨어요.

다섯 — 복음 초청

성경과 104쪽 복음 초청 가이드를 이용해서 아이들에게 그리스도인이 되는 법을 설명해 준다. 따로 상담해 줄 사람을 정해 주고 궁금한 점이 있으면 물어보도록 격려한다.

이 시간 예수님을 믿고 마음에 모시고 싶은 친구는 함께 기도해요.

여섯 — 기도

하나님, 우리는 죄인이에요. 이웃을 사랑하라는 말씀을 지키지 못할 때가 너무 많아요. 우리 마음에 예수님의 큰 사랑으로 이웃을 사랑하는 마음을 심어 주세요. 우리를 매우 사랑하셔서 예수님을 이 땅에 보내 우리의 죄를 용서해 주셔서 감사해요. 예수님의 이름으로 기도합니다. 아멘.

일곱 — 암송송

성경에서 레위기 11장 45절을 펴고 큰 소리로 여러 번 따라 읽게 한다.

하나님은 우리가 하나님처럼 거룩하기를 원하세요. 그렇지만 우리 힘으로는 하나님같이 거룩해질 수가 없어요. 우리에게는 도움이 필요해요. 하나님은 예수님을 보내 우리를 죄로부터 구원하셨어요. 우리가 예수님을 믿으면 하나님은 우리를 하나님처럼 거룩하게 만들어 주세요.

암송송(141쪽)에 맞추어 손유희를 하며 말씀을 익힌다.

"나는 너희의 하나님이 되려고 너희를 애굽 땅에서 인도하여 낸 여호와라 ==내가 거룩하니 너희도 거룩할지어다=="(레 11:45).

[tip] 전체 구절 암송이 어려운 경우에는 표시 부분을 발췌해 외워도 좋다.

가스펠 소그룹

알콩달콩 ──── 말씀 놀이

십계명 돌판을 만들어요

준비물 ▶ 유치부 교재 19쪽, 45쪽 '십계명 스티커'

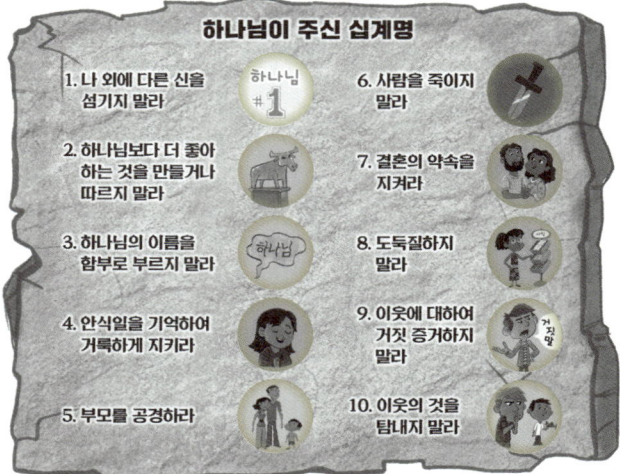

하나님이 주신 십계명

1. 나 외에 다른 신을 섬기지 말라
2. 하나님보다 더 좋아하는 것을 만들거나 따르지 말라
3. 하나님의 이름을 함부로 부르지 말라
4. 안식일을 기억하여 거룩하게 지키라
5. 부모를 공경하라
6. 사람을 죽이지 말라
7. 결혼의 약속을 지켜라
8. 도둑질하지 말라
9. 이웃에 대하여 거짓 증거하지 말라
10. 이웃의 것을 탐내지 말라

이야기 나누기
- "이웃을 사랑하라"라고 말하는 계명은 무엇무엇인가요?
- 하나님은 우리에게 왜 십계명을 주셨을까요?

❶ 십계명 돌판을 보면서 하나님이 우리에게 주신 10가지 계명이 무슨 내용인지 알아본다.

❷ 아이들과 함께 십계명을 차례대로 읽으면서 알맞은 그림의 스티커를 찾아 붙이게 한다.

tip 시간 여유가 있다면 '십계명 돌판' 그림을 넣은 액자 꾸미기 활동으로 연계해도 좋다.

액자 꾸미기 *

준비물 ▶ '십계명 돌판' 그림(지도자용 팩), 나무 막대(우드락 막대), 보석 스티커, 목공용 본드, 자석 테이프, 가위

❶ 아이들에게 액자를 꾸미는 다양한 재료들을 나누어 주면서 하나하나 설명해 준다.

tip 재료들을 제시할 때 충분한 설명과 지켜야 할 약속에 대해 이야기해 준다.

❷ '십계명 돌판' 그림을 가장자리에 나무 막대를 붙일 공간이 있도록 적당히 잘라 준비한다.

❸ 목공용 본드를 이용해 ❷의 가장자리에 나무 막대를 붙여 십계명 액자를 만들 수 있도록 도와준다.

tip 목공용 본드가 마르는 시간이 필요하므로 시간이 없을 경우 미리 액자를 만들어 두거나 접착 테이프가 붙어 있는 우드락을 사용하면 좋다.

❹ 보석 스티커를 이용해 액자를 장식하게 한다.

❺ 액자 뒤에 자석 테이프를 붙여 집에 가져가도록 한다.

인도자 하나님이 이스라엘 백성에게 주신 10가지 계명을 모두 알아보았어요. **하나님은 우리에게 규칙을 주셔서 하나님의 거룩하심을 나타내셨고, 하나님과 이웃을 사랑하라는 계명을 주셨어요.** 하나님이 십계명을 주신 이유는 하나님의 백성을 사랑하시

기 때문이에요. 비록 우리가 십계명을 온전히 지키지 못하더라도 하나님을 의지하고 하나님을 사랑하면 하나님의 사랑을 깨달을 수 있어요.

나라면? 예수님이라면? ✳

준비물 ▶ 유치부 교재 35쪽 '상황 그림'(또는 지도자 용 팩)

❶ 그림 속 상황을 살펴보고, 내가 그림 속 주인공이라면 어떻게 대답할지 상상해서 이야기해 보게 한다.

❷ 만약 내가 그렇게 말했을 때 친구의 마음이 어떠할지에 대해서도 나누게 한다.

> tip 정답을 제시하거나 한 가지 대답을 유도하거나 단정 짓지 않도록 주의한다. 아이들의 생각을 최대한 존중해 주면서 대화를 이끌어 가는 것이 좋다.

❸ 만약 우리를 사랑하시는 예수님이라면 이 상황에서 어떻게 대답하실지 이야기하고 활동을 마무리한다.

> **인도자** 지난주에는 십계명의 첫 네 계명에 대해 이야기했어요. 그 계명들은 하나님과 바른 관계를 맺는 방법에 대해 알려 주었어요. 오늘 우리는 나머지 여섯 계명에 대해 배웠어요. 이 계명들은 이웃과 서로 어떤 관계를 맺어야 하는지에 대해 말해 주어요. 그리고 하나님의 거룩하심을 보여 주지요. 어떻게 하면 우리의 사랑을 가족과 이웃에게 보여 줄 수 있을까요?

돕는 손길로 사랑을 표현해요 ✳

준비물 ▶ 예배실 안의 여러 물건들, 눈가리개, 컬러 박스 테이프

❶ 예배실 안의 여러 물건들을 활용해 아이들의 연령대에 맞는 간단한 장애물 코스를 설치한다. 컬러 박스 테이프를 이용해 출발선과 도착선을 표시해 둔다.

> tip 장애물 코스가 안전한지 확인하기 위해 인도자가 직접 눈가리개를 하고 미리 시험해 보는 것이 좋다.

❷ 아이들을 3명씩 팀을 나눈다. 한 팀씩 차례대로 출발선으로 나오게 해 그중 한 아이에게 눈가리개를 채운다.

❸ 나머지 2명의 팀원들이 눈가리개를 한 아이를 장애물 코스로 인도해 도착선까지 안전하게 이를 수 있도록 도와주는 게임이라고 설명해 준다.

> tip 눈가리개를 한 아이의 손을 잡고 인도해도 좋고, 말로 가르쳐 주어도 좋다고 말해 준다. 교사가 곁을 따라가며 안전하게 장애물을 통과할 수 있도록 도와준다

> **인도자** 장애물 코스를 잘 통과했어요! **하나님은 이웃을 사랑하라는 계명을 주셨어요.** 우리는 이웃을 도와줌으로써 우리의 사랑을 보여 줄 수 있어요. 예수님은 모든 사람을 온전히 사랑하세요. 우리를 사랑하시는 예수님은 우리의 죄를 대신해 죽으셨어요.

집에 있는 '이웃'에게 사랑을 표현해요 *

준비물 ▶ 도화지, 카드 꾸미기 도구(크레파스, 사인펜, 스티커, 반짝이 펜 등)

❶ 도화지를 반으로 접은 후 아이들에게 나누어 준다.

❷ 아이들에게 카드 꾸미기 도구로 도화지를 장식해 집에 있는 '이웃'(부모, 형제, 조부모 등)에게 줄 사랑의 카드를 만들게 한다. 카드 한쪽 면에 이웃을 향한 사랑을 그림이나 글로 표현해 보라고 한다.

　tip　연령대가 낮은 경우 교사가 글씨를 써 주거나 따라 쓸 수 있도록 도와준다.

❸ 카드의 다른 쪽 면에 '미션 쿠폰'을 적어 주어 아이들이 사랑을 실천할 수 있도록 격려한다.

　예) 안마 쿠폰, 방 청소 쿠폰, 뽀뽀 쿠폰 등.

❹ 다음 주에 미션을 잘 실천했는지 확인하며 서로 이야기를 나누기로 약속한다.

> 　인도자　**하나님은 이웃을 사랑하라는 계명을 주셨어요.** 십계명의 제6계명은 "부모를 공경하라"라는 말씀이에요. '공경'이라는 말은 부모님을 존경하고, 부모님께 순종해야 한다는 뜻이에요. 가끔은 순종하는 것이 어려울 때도 있지만, 예수님은 항상 하나님께 순종하셨다는 사실을 기억하세요. 예수님은 하나님을 사랑하시고, 모든 사람을 온전히 사랑하세요.

십계명 퍼즐을 맞춰요 *

준비물 ▶ '십계명 돌판' 그림(지도자용 팩), 라벨지, 두꺼운 도화지, 커터칼

❶ '십계명 돌판' 그림을 두꺼운 도화지와 라벨지에 프린트해 둔다.

❷ '라벨지 십계명 돌판'의 중간중간을 동그랗게 4~5조각 잘라 낸다.

❸ '도화지 십계명 돌판'에 '라벨지 십계명 돌판'에서 잘라 낸 곳과 똑같은 자리에 흰색 라벨지를 붙여 빈 곳을 표시해 둔다.

❹ 아이들에게 ❷에서 잘라 낸 '라벨지 십계명 돌판' 조각을 나누어 주고, ❸에 퍼즐을 맞춰 붙여 '십계명 돌판'을 완성하게 한다.

> 　인도자　**하나님은 이웃을 사랑하라는 계명을 주셨어요.** 하나님은 두 개의 돌판에 십계명을 직접 새겨 주셨어요! 십계명은 하나님께 매우 중요해요. 하나님이 주신 규칙은 하나님이 요구하시는 것이 무엇인지를 보여 주어요. 모든 사람은 죄를 지었어요. 완전한 사람은 예수님뿐이세요. 예수님은 모든 사람을 온전히 사랑하세요. 예수님은 사람들을 매우 사랑하셔서 그들의 죄를 대신해 죽으셨어요.

십계명을 분류해요 *

준비물 ▶ 나무 막대, 네임펜, 종이봉투

❶ 나무 막대 10개에 각각 1부터 10까지의 숫자와 함께 제1계명부터 제10계명까지 각 계명을 상징하는 그림이나 글을 표시해 둔다.

❷ 나무 막대들을 종이봉투에 넣고 입구를 접은 후 아이들에게 맡긴다. 인도자가 1부터 10까지 셀 동안 아이들에게 종이봉투를 마구 흔들라고 한다. 인도자가 10을 세면서 크게 "10!"이라고 외치면 책상 위에 나무 각대들을 쏟으라고 한다.

❸ 아이들에게 십계명을 제1계명부터 제10계명까지 순서대로 놓게 한다.

❹ 인도자가 십계명의 각 계명을 하나씩 읽으면 아이들에게 해당되는 숫자를 소리치라고 한다.

> `인도자` 십계명은 우리에게 하나님을 사랑하고 이웃을 사랑하라고 가르쳐요. 이 규칙은 하나님께 매우 중요하고, 우리에게도 중요해요. **하나님은 이웃을 사랑하라는 계명을 주셨어요.** 예수님은 모든 사람을 온전히 사랑하세요. 예수님은 사람들을 매우 사랑하셔서 그들의 죄를 대신해 죽으셨어요.

구조 요원을 위한 선물 바구니를 만들어요 ∗ ------------------- `준비물 ▶ 바구니, 선물, 도화지, 사인펜`

❶ 아이들에게 선물 바구니를 만들어 지역의 소방서나 경찰서에 가져다주자고 한다.

> `tip` 미리 부모들에게 연락해 음료수, 사탕, 기독교 서적 등을 준비해 올 수 있도록 부탁하면 더욱 좋다.

❷ 도화지와 사인펜을 나누어 주어 감사 카드를 쓰게 한다.

❸ 소방관들과 경찰관들을 위해 다 같이 기도한다. 그들이 다른 사람들을 보호하는 순간에 하나님이 그들을 보호해 주시도록 기도한다.

❹ 아이들과 함께 시간을 정해 소방서나 경찰서에 직접 방문해 선물 바구니와 감사 카드를 전달한다.

> `tip` 미리 방문할 소방서나 경찰서에 전화해 약속 시간과 취지를 설명한다. 기념 촬영을 해서 참여하지 못한 아이들에게 보여 주도록 한다.

> `인도자` 이 세상에는 나쁘고 위험한 일들이 많이 생겨요. 우리 주변에는 그처럼 위험한 상황에 빠진 우리를 도와주는 구조 요원들이 많이 있어요. 그분들을 생각하며 선물 바구니를 만들고 감사 카드를 써 보았어요. **하나님은 이웃을 사랑하라는 계명을 주셨어요.** 예수님은 사람들을 매우 사랑하셔서 그들의 죄를 대신해 죽으셨어요. 언젠가 예수님은 모든 나쁜 것이 영원히 없어지게 하실 거예요.

소곤소곤 꿀~떡  **간식**

준비물 ▶ 떡, 주스

❶ 카운트다운 영상, 정리하기 노래 등을 활용해 활동이 끝났음을 알린다. 아이들에게 주변을 정리하게 하고, 화장실에 가거나 물티슈 등을 이용해 손을 씻을 시간을 준다.

❷ 감사 기도를 드리고 떡과 주스를 간식으로 나누어 준다. 아이들을 둘씩 짝을 지은 후 왼쪽에 앉은 친구가 오른쪽에 앉은 친구에게 간식을 대접해 보라고 한다. 잠시 후 역할을 바꾸어 준다. 하나님이 이웃을 사랑하라는 계명을 주신 것에 대해 함께 이야기를 나누어 본다. 예수님이 우리를 매우 사랑하셔서 우리의 죄를 대신해 죽으셨다는 사실을 떠올려 주고, 예수님을 믿으면 우리의 죄를 용서해 주신다고 말해 준다.

❸ 간식을 먹은 후 마무리 정리를 잘하도록 지도한다.

오순도순  **마무리**

준비물 ▶ 유치부 교재 41쪽 메시지 카드, 소그룹 활동지, 파일

❶ 이번 주 메시지 카드로 부모님과 함께 오늘 배운 성경 이야기를 나누어 보라고 한다.

> **가족과 활동해요**
> • 우리 가족이 서로 사랑한다는 것을 보여 줄 수 있는 방법은 무엇일까요?
> • 이웃에게 우리의 사랑을 어떻게 보여 줄 수 있을지 이야기를 나누어 보세요.

❷ 소그룹 활동지를 떼어 파일에 끼우고 가방에 정리하게 한다.

❸ 아이들을 위해 기도한다.

> 인도자 하나님, 하나님의 거룩하심을 찬양해요. 우리는 거룩하지 못해요. 우리는 하나님이 원하시는 대로 하나님을 사랑하거나 이웃을 사랑하지 못할 때가 많아요. 우리를 사랑하셔서 예수님을 이 땅에 보내시고, 우리의 죄를 용서해 주셔서 감사해요. 사랑해요! 예수님의 이름으로 기도합니다. 아멘.

❹ 아이를 데리러 온 부모에게 아이가 특별히 즐거워했거나 잘했던 활동들에 대해 이야기해 주고, 가정에서 성경 읽기와 가족 활동을 진행할 수 있도록 격려한다.

 나만의 기록장

십계명 중 순종하기 어렵다고 생각되는 계명 그리기

8

성막을 지었어요

(출 35:4~40:38)

주제	하나님은 이스라엘 백성에게 성막*을 지으라고 하셨어요.
예수님 생각하기	하나님은 이스라엘 백성과 함께 계시기 위해 성막을 지으라고 하셨어요. 성막은 큰 천막같이 생겼고, 하나님이 이스라엘 백성을 만나시는 곳이었어요. 구원의 계획으로서 하나님은 예수님을 '성막'으로 보내 사람들과 함께 이 땅에 살게 하셨어요.

단원 암송	레 11:45
성경의 초점	누가 하나님의 법을 완전하게 지킬 수 있나요? 예수님 외에는 아무도 없어요.

출애굽기의 마지막 열여섯 장은 성막 건축에 대한 하나님의 지시를 기록하고 있습니다. 성막은 하나님이 하나님의 백성을 만나셨던 이동 가능한 장막입니다. 하나님은 성막에 대한 특별한 목적을 갖고 계셨습니다(출 29:45~46).

모세는 시내산에서 하나님과 40일을 보냈습니다. 하나님은 십계명이라는 언약의 말씀을 두 개의 돌판에 새기셨습니다. 돌아온 모세는 모든 이스라엘 백성을 부르고 그들에게 하나님이 주신 말씀을 전했습니다(출 24:3~4).

성막 건축에 대한 하나님의 명령은 매우 자세했습니다. 하나님은 이스라엘 백성에게 부담을 주시려는 것이 아니라 하나님의 거룩하심과 권위를 보이기 원하셨습니다. 하나님은 브살렐과 오홀리압이 성막의 건축을 감독하게 하셨고, 그들에게 지혜와 총명과 장인 정신을 주셨습니다. 기술을 가진 모든 사람이 자원하는 마음으로 하나님의 성막을 짓는 일에 열심히 임했습니다(출 35:30~35, 36:1~3).

하나님이 이스라엘 백성에게 만들라고 하신 성막은 하나님이 그들 가운데 거하신다는 가시적인 상징과도 같은 것이었습니다. 나중에 성전으로 대체되는 성막은 예수님이 오시기 전까지 하나님의 영광이 거하는 장소였습니다(고후 4:6). 성막의 모든 부분은 하나님과 이스라엘 백성의 관계를 보여 주기 위해 디자인되었습니다.

예수님의 오심은 구약의 성막이 신약에서 성취된 것입니다. 요한복음 1장 14절은 "말씀이 육신이 되어 우리 가운데 거하시매"라고 말합니다. 예수님은 사람들 가운데 거하셨습니다. "하나님의 장막이 사람들과 함께 있으매"(계 21:3).

●● 티칭 포인트
아이들에게 성막 건축에 대한 내용을 가르치는 동안 하나님의 백성과 함께하기 원하시는 하나님의 소망을 알려 주십시오. 또한 하나님은 성막을 통해 이스라엘 백성에게 자신이 늘 함께한다는 것을 알려 주기 원하셨다고 이야기해 주십시오. 신약에서 예수님의 오심은 사람들을 하나님께로 데려가시려는 하나님의 계획이었다는 것을 강조해서 말해 주십시오.

성막을 지었어요

출 35:4~40:38

모세가 시내산에서 하나님과 함께 있는 동안 하나님이 모세에게 말씀하셨어요. "이스라엘 백성에게 나를 위해 성막을 짓게 하라. 그러면 내가 그들 가운데 거할 것이다." 하나님은 모세에게 성막을 어떻게 지어야 하는지 자세하게 알려 주셨어요. "내가 보여 주는 모양과 똑같이 지어라." 성막은 이스라엘 백성이 움직일 때 가지고 다닐 수 있는 큰 천막이었어요. 앞으로 성막은 하나님이 하나님의 백성과 만나시는 장소가 될 거예요.

모세는 시내산에서 내려오자마자 모든 이스라엘 백성을 불러 모아 하나님이 하신 말씀을 전해 주었어요. 모세는 사람들에게 성막을 만들 예물들을 가져오게 했어요. 마음에 감동을 받은 이스라엘 백성은 금, 은, 놋과 파란색 실, 자주색 실, 빨간색 실, 가는 베실, 염소 털, 붉게 물들인 양 가죽, 해달 가죽, 조각목(아카시아나무), 기름, 향품, 보석 등 성막에 필요한 예물들을 가져와서 하나님께 드렸어요.

하나님은 브살렐과 오홀리압 두 사람에게 성막을 짓게 하시고, 새로운 것을 만드는 데 필요한 특별한 재능을 주셨어요. 이 둘과 하나님께 자신의 재능을 드리기 원하는 기술자들이 함께 모여 하나님을 위한 성막을 지었어요. 이스라엘 백성은 즐거운 마음으로 성막을 짓기 위한 예물을 가져왔어요. 곧 기술자들이 모세에게 와서 말했어요. "사람들이 가져온 재료가 이미 충분합니다. 이제는 더 이상 필요 없겠습니다." 그래서 모세는 이스라엘 백성에게 예물을 그만 가져와도 된다고 말했어요.

기술자들은 하나님이 명령하신 대로 성막을 지었어요. 그 성막에는 나무 기둥과 커튼 같은 휘장을 달 수 있는 부분이 있었고 지붕도 있었어요.

때가 되자, 하나님은 모세에게 성막을 세우라고 하셨어요. 그리고 성막과 그 안에 있는 모든 것에 기름을 발라 거룩하게 하라고 하셨어요. 하나님은 모세에게 아론을 성막 문으로 데려가 물로 씻긴 후 거룩한 옷을 입히고, 기름을 부어 거룩하게 해 제사장으로 세우라고 하셨어요. 아론의 아들들도 하나님을 섬기는 제사장으로 기름 부음을 받았어요.

모세는 하나님이 명하신 대로 했고, 마침내 성막이 세워졌어요. 구름이 성막을 덮고 하나님의 영광이 성막에 가득했어요.

하나님은 이스라엘 백성에게 신호를 보내 주셨어요. 구름 가운데서 그들을 인도하셨지요. 사람들은 구름이 성막 위에서 떠오르면 앞으로 나아갔고, 구름이 떠오르지 않으면 그 자리에 머물렀어요. 낮에는 하나님의 구름이 성막 위에 있었고, 밤에는 불이 구름 가운데 있어서 그들과 함께했어요. 모든 이스라엘 백성은 광야를 여행하는 동안 구름기둥과 불기둥을 볼 수 있었답니다.

● ● 예수님 생각하기

하나님은 이스라엘 백성과 함께 계시기 위해 성막을 지으라고 하셨어요. 성막은 큰 천막같이 생겼고, 하나님이 이스라엘 백성을 만나시는 곳이었어요. 구원의 계획으로서 하나님은 예수님을 '성막'으로 보내 사람들과 함께 이 땅에 살게 하셨어요.

가스펠 준비

싱글벙글 😊 환영해요

"거룩하라"(지도자용 팩)를 튼다. 아이들을 반갑게 맞이하며 헌금과 기도를 도와준다. 예배 중 헌금 순서가 있다면 아이들이 헌금을 잘 간수하도록 돕는다. 가방과 외투를 정리하도록 안내한다. 새로 온 아이가 있다면 음수대와 화장실의 위치를 알려 주고, 보호자와 만나는 시간과 방법 등을 소개한다. 보호자들을 위한 안내문을 붙여 아이와 만나는 시간, 기다리는 장소, 헌금 방법, 아이에 대한 특별한 주의 사항을 교사에게 미리 알려 주기 등을 공지한다.

너랑 나랑 😊 마음 열기

주제와 관련 있는 퍼즐이나 블록 등 아이들이 좋아하는 장난감을 몇 가지 비치해 두고 다양한 활동을 하며 예배를 준비하도록 돕는다. 아이들이 마음을 열고 오늘의 주제에 관심을 갖게 하며 예배에 집중할 수 있도록 도와준다. 교회 형편에 맞게 시간과 활동 방법을 조절한다.

집 짓는 도구를 찾아요 ✱

준비물 ▶ 유치부 교재 21쪽, 색연필

❶ 아이들에게 집을 짓기 위해서는 여러 가지 도구들이 필요하다고 설명해 준다.

❷ 그림에는 집 짓는데 필요한 도구들과 필요하지 않은 도구들이 섞여 있는데, 집 짓는 도구 4가지를 찾아 ○표 하게 한다.

> **이야기 나누기**
> - 블록으로 집을 지어 본 적이 있나요?
> - 지금 하나님을 만날 수 있는 곳은 어디일까요? (하나님은 언제나 어디에서나 만날 수 있어요.)

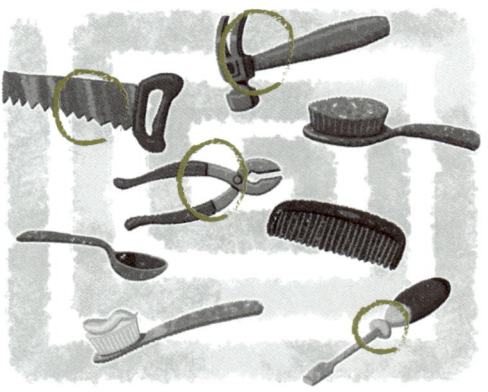

오늘의 성경 이야기에서 하나님은 모세에게 명하셔서 무언가를 지으라고 하셨어요. 하나님은 이스라엘 백성과 함께 계실 수 있는 장소를 원하셨어요. 모세는 무엇을 준비했을까요?

지시를 따르는 릴레이를 해요 *

준비물 ▶ 성인용 남방

❶ 아이들을 2팀으로 나누고 각 팀을 한 줄로 세운다.

❷ 예배실 반대편에 단추를 채워 입어야 하는 성인용 남방 2개를 놓아 둔다.

❸ 아이들에게 남방을 걸치고(단추를 채울 필요는 없다) 따라야 하는 지시 사항을 준다.
예) "코끼리 코 세 바퀴를 도세요", "제자리 뛰기를 5회 하세요" 등.

❹ 인도자가 "출발!"을 외치면 각 팀의 첫 번째 아이가 예배실 반대편으로 가서 남방을 걸치고 지시 사항을 따르면 된다는 게임의 규칙을 설명한다.

❺ 지시 사항을 따른 아이는 남방을 벗어서 제자리에 두고 자기 팀 맨 뒤로 가서 서면 된다고 말해 준다.

❻ 모든 아이가 지시 사항을 따를 때까지 게임을 반복한다.

지시를 잘 따랐어요! 여러분은 지시받은 대로 행동해야 했어요. 오늘의 성경 이야기에서 하나님은 이스라엘 백성에게 특별한 지시를 내리셨고, 그 지시를 정확히 따르게 하셨어요. 어떤 지시를 내리셨는지 함께 알아보아요!

 **예배 대형으로 모이기**

• 카운트다운 영상, 모이기 노래, 불 껐다 켜기, 리듬에 맞춰 손뼉 치기 등을 활용해 아이들의 시선을 집중시킨 후 예배 대형으로 바꾸고 마음을 준비하게 한다.

• 공간을 이동해야 한다면 한꺼번에 흩어지기보다 여러 명씩 팀이 되어 가도록 한다.

가스펠
설교

 하나 **들어가기**

아이들과 함께 예배실 안을 행진한다. 선두에 선 인도자는 행진 도중 방식을 바꾼다(빙빙 돌면서, 손뼉 치면서, 옆으로 걸으면서, 한 발로 뛰면서 등). 아이들이 지시를 정확히 따르도록 지도한다.

지시를 잘 따라 주어 고마워요! 오늘 우리는 이스라엘 백성이 하나님의 자세한 지시를 받아 '성막'이라고 불리는 특별한 천막을 만든 이야기를 들을 거예요.

둘 **성경 이야기**

출애굽기 35~40장을 편다. 설교 영상(지도자용 팩)을 보여 주거나 이야기 성경을 들려준다.

성경은 세상에서 가장 중요한 책이에요! 성경은 하나님의 말씀이기 때문이지요. 성경에 나온 모든 이야기는 사실이에요. 오늘의 성경 이야기는 성경의 두 번째 책인 '출애굽기'에 나온답니다.

셋 **메시지와 정리**

하나님은 이스라엘 민족을 선택하셨고, 그들과 함께 있기 원하셨어요. 그래서 이집트 사람들에게 하나님이 오직 한 분, 진짜 하나님임을 보이셨어요. **하나님은 이스라엘 백성에게 성막을 지으라고 하셨어요.** 성막은 큰 천막같이 생겼고, 하나님이 이스라엘 백성을 만나시는 곳이었어요. 하나님은 그곳에서 이스라엘 백성을 만나셨지요. 하나님의 백성을 죄에서부터 구원하시기 위한 계획으로서 하나님은 예수님을 '성막'으로 보내 사람들과 함께 이 땅에 살게 하셨어요.

연대표(지도자용 팩)를 가리키면서 복습 질문을 한다.

1. 하나님은 이스라엘 백성에게 무엇을 지으라고 하셨나요? **하나님은 이스라엘 백성에게 성막을 지으라고 하셨어요**
2. 하나님은 이스라엘 백성이 성막을 짓도록 무엇을 하셨나요? 지시하셨다
3. 이스라엘 백성은 구름이 성막 위에서 떠오르면 어떻게 행동했나요? 구름기둥을 따라 앞으로 나아갔다
4. 밤에는 구름기둥 대신 무엇이 이스라엘 백성을 인도했나요? 불기둥

넷 — 성경의 초점

한 가지 중요한 질문을 할게요. 2단원의 '성경의 초점' 질문이에요. **"누가 하나님의 법을 완전하게 지킬 수 있나요?"** 답을 말해 볼 친구가 있나요? 아이들의 대답을 기다린다. 잘했어요! 답은 **"예수님 외에는 아무도 없어요"**랍니다. 우리는 모두 죄인이에요. 우리는 잘못된 선택을 하지만 예수님은 항상 옳고 선한 일을 행하세요. 하나님은 예수님을 보내 완벽한 삶을 살게 하셨고, 우리의 잘못을 용서해 주셨어요.

다섯 — 복음 초청

성경과 104쪽 복음 초청 가이드를 이용해서 아이들에게 그리스도인이 되는 법을 설명해 준다. 따로 상담해 줄 사람을 정해 주고 궁금한 점이 있으면 물어보도록 격려한다.
이 시간 예수님을 믿고 마음에 모시고 싶은 친구는 함께 기도해요.

여섯 — 기도

하나님, 하나님의 영광을 따라 살게 해 주세요. 그리고 하나님의 영광 안에서 하나님을 만나는 우리가 되도록 도와주세요. 죄의 길로 빠지지 않고 하나님과 늘 함께 걸어갈 수 있도록 도와주세요. 우리는 죄인인데, 그런 우리를 구원해 주신 예수님의 사랑에 감사드려요. 예수님의 이름으로 기도합니다. 아멘.

일곱 — 암송송

성경에서 레위기 11장 45절을 펴고 큰 소리로 여러 번 따라 읽게 한다.
2단원 암송 구절은 우리에게 하나님처럼 거룩하라고 말해요. 우리는 옳은 일을 하려고 노력할 수는 있지만, 여전히 죄인이에요. 하나님은 우리가 예수님을 믿을 때 우리의 죄를 용서해 주세요.

암송송(141쪽)에 맞추어 손유희를 하며 말씀을 익힌다.
"나는 너희의 하나님이 되려고 너희를 애굽 땅에서 인도하여 낸 여호와라 내가 거룩하니 너희도 거룩할지어다"(레 11:45).

tip 전체 구절 암송이 어려운 경우에는 표시 부분을 발췌해 외워도 좋다.

가스펠
소그룹

알콩달콩 — 😊 **말씀 놀이**

언약궤를 놓아 주세요!

준비물 ▶ 유치부 교재 22쪽, 45쪽 '언약궤 스티커'

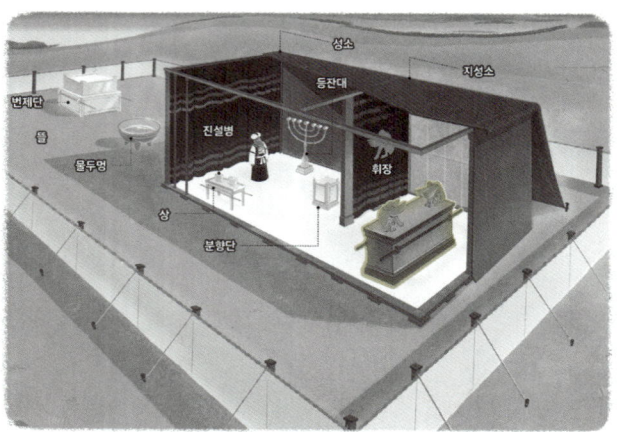

이야기 나누기
- 하나님은 이스라엘 백성에게 무엇을 지으라고 하셨나요?
- 이스라엘 백성은 성막을 짓기 위해 어떤 예물들을 가져왔나요?

❶ 하나님의 말씀대로 지어진 성막에서 언약궤가 있어야 할 곳은 어디인지 찾아보도록 한다. 집게손가락을 펴고 인도자의 말을 따라가다 보면 언약궤의 자리를 찾을 수 있다고 이야기해 준다.

인도자 집게손가락을 펴서 성막 주위를 한 바퀴 돌아 보세요. 무엇이 있나요? 번제단을 가리켜 보세요. 조금 더 가면 물두멍이 있지요? 손을 씻는 흉내를 내 보세요. 언약궤가 있어야 할 곳은 어디일까요? 조금 더 가야 해요. 어떤 것들이 보이나요? 등잔대를 지나서 하나님께 드리는 떡(빵)인 진설병을 만져 보고, 분향단을 넘어 휘장을 통과하세요. 이곳은 오직 대제사장만 1년에 한 번 들어가는 지성소예요. 이처럼 성막의 가장 깊은 곳에 언약궤가 있었답니다. 언약궤가 있어야 할 자리를 가리킨다. 바로 이 자리에 '언약궤 스티커'를 붙여 주세요.

❷ 유치부 교재 45쪽 '언약궤 스티커'를 떼어 알맞은 자리에 붙이게 한다.

인도자 오늘의 성경 이야기에서 **하나님은 이스라엘 백성에게 성막을 지으라고 하셨어요.** 성막은 이스라엘 백성이 하나님께 예배드리는 장소였어요. 하나님은 이스라엘 백성과 함께 계시기 위한 장소를 원하셨어요. 하나님은 모세에게 성막을 어떻게 지어야 하는지, 어떤 모습을 갖추어야 하는지에 대해 자세하게 알려 주셨어요. 이스라엘 백성은 하나님의 지시대로 성막을 지었어요.

지시를 따르면서 '성경의 초점'을 외쳐요 ✶

❶ 2단원의 '성경의 초점' 질문과 답인 "누가 하나님의 법을 완전하게 지킬 수 있나요?", "예수님 외에는 아무도 없어요"를 외치면서 인도자가 지시하는 동작을 함께 하면 된다고 말해 준다.

동작의 예) 살금살금 걷기, 곰처럼 으르렁거리기, 점프하기, 게처럼 옆으로 걷기, 뒤로 걷기 등.

❷ '성경의 초점'을 한 번 외칠 때마다 동작을 바꾸어 활동을 반복한다.

tip 동작을 어려워할 경우 아이들을 격려하거나 좀 더 쉬운 동작을 알려 준다.

> 인도자 '성경의 초점'을 외우는 것과 동시에 지시에 따라 동작을 하기란 쉽지 않았지요! 비슷하게는 할 수 있지만 정확한 동작을 하는 것은 어려워요. 우리는 하나님의 말씀대로 살아야 하지만 잘못을 저지를 때도 있어요. 그럼에도 하나님은 우리를 사랑하시고, 우리와 함께하기 원하세요. **하나님은 이스라엘 백성에게 성막을 지으라고 하셨어요.** 하나님은 우리를 위한 구원 계획을 세우셔서 예수님을 '성막'으로 보내 사람들과 함께 이 땅에 살게 하셨어요.

성막 카드를 맞춰 보아요 ✶

준비물 ▶ 143쪽 '성막 카드'(또는 지도자용 팩), 가위

❶ 143쪽 '성막 카드'(또는 지도자용 팩) 2세트를 잘라 준비해 둔다.

❷ 아이들에게 '성막 카드'를 한 장씩 보여 주며 무엇인지 살펴보고 이야기를 나누어 본다.

tip 성막에서 볼 수 있는 물건과 사람의 이름을 간략하게 설명해 준다.

❸ 모든 카드를 격자무늬로 뒤집어 놓고, 아이들을 차례대로 앞으로 나오게 해 카드를 한 장씩 뒤집어 그림이 보이도록 한다.

❹ 아이에게 자신이 뒤집은 카드에 그려진 그림이 무엇인지 맞혀 보라고 한 후 카드 한 장을 더 뽑게 하고, 같은 그림이 나온 경우 2장의 '성막 카드'를 선물로 준다.

tip 정확한 명칭을 말하는 것이 활동의 목표는 아니므로, 인도자가 도와주어 이름을 한 번씩 더 말해 볼 수 있도록 지도하는 것이 좋다.

> 인도자 성막은 하나님이 이스라엘 백성을 만나시는 특별한 장소였어요. **하나님은 이스라엘 백성에게 성막을 지으라고 하셨어요.** 그들을 만나기 원하셨기 때문이에요. 성막의 모든 부분은 하나님이 지시하신 대로 만들어졌어요. 이스라엘 백성은 하나님이 말씀하신 대로 성막을 지었지요.

성막 물건을 찾아요 *

준비물 ▶ 바구니, 성막 물건들(빨간색·파란색·자주색 실패, 모형 보석, 장난감 금화)

❶ 성막 물건들을 미리 예배실 곳곳에 놓아 둔다.

❷ 아이들에게 예배실을 둘러보면서 성막을 지을 때 사용했던 물건들을 찾아보라고 한다.

❸ 아이들에게 힌트를 주고 모든 물건을 찾을 수 있도록 충분한 시간을 준다.

힌트) • 성막에는 커튼 같은 휘장이 있었어요. 이 휘장을 만들려면 무엇이 필요했을까요?

• 오늘의 성경 이야기의 일부를 들려줄게요. "모세는 사람들에게 성막을 만들 예물들을 가져오게 했어요. 마음에 감동을 받은 이스라엘 백성은 금, 은, 놋과 파란색 실, 자주색 실, 빨간색 실, 가는 베실, 염소 털, 붉게 물들인 양 가죽, 해달 가죽, 조각목(아카시아나무), 기름, 향품, 보석 등 성막에 필요한 예물들을 가져와서 하나님께 드렸어요."

❹ 성막 물건들을 다 찾으면 바구니에 담게 한다.

> **인도자** **하나님은 이스라엘 백성에게 성막을 지으라고 하셨어요.** 이스라엘 백성은 마음에 감동이 되는 대로 금, 보석, 색깔 있는 실, 가는 베실, 나무, 기름, 그 외에도 많은 물건을 가져와 하나님께 드렸어요! 그들은 하나님의 영광을 위해 함께 성막을 지었어요. 우리를 죄에서부터 구원하시기 위한 계획의 일부로 하나님은 예수님을 '성막'으로 보내 사람들과 함께 이 땅에 살게 하셨어요. 우리는 예수님을 믿으면 영원히 하나님과 함께할 수 있어요!

성막을 만들어요 *

준비물 ▶ 대형 비닐(낙하산)

❶ 대형 비닐을 이용해 다양한 모양의 성막을 만들어 보자고 말한다.

tip 의자 여러 개를 기둥 삼아 세우고 그 위에 보자기를 덮어 성막을 만들거나 블록을 기둥 삼아 베개 커버를 덮어 모형 성막을 만들게 해도 좋다.

❷ 아이들을 마주 보고 둥글게 세운 후 대형 비닐의 끝부분을 잡아당겨 팽팽해지게 만들라고 한다.

❸ 인도자가 셋을 세면, 아이들에게 대형 비닐을 머리 위로 들어 올린 뒤 재빨리 안으로 들어가 앉으라고 한다.

❹ 아이들이 '성막' 안에 있는 동안 오늘의 성경 이야기를 다시 들려준다.

> **인도자** 성막을 잘 만들었어요! **하나님은 이스라엘 백성에게 성막을 지으라고 하셨어요.** 성막은 큰 천막같이 생겼고, 하나님이 이스라엘 백성을 만나시는 곳이었어요. 하나님의 백성을 죄에서부터 구원하시기 위한 계획의 일부로, 하나님은 예수님을 '성막'으로 보내 사람들과 함께 이 땅에 살게 하셨어요.

간식

소곤소곤 꿀~꺽

준비물 ▶ 막대 과자, 둥근 과자, 접시

❶ 카운트다운 영상, 정리하기 노래 등을 활용해 활동이 끝났음을 알린다. 아이들에게 주변을 정리하게 하고, 화장실에 가거나 물티슈 등을 이용해 손을 씻을 시간을 준다.

❷ 감사 기도를 드리고 막대 과자와 둥근 과자를 간식으로 나누어 준다. 아이들에게 막대 과자와 둥근 과자를 이용해 접시에 '브' 자와 '오' 자를 만들어 보라고 한다. 하나님은 브살렐과 오홀리압에게 하나님의 지시에 따라 성막을 아름답게 짓는 데 필요한 특별한 재능을 주셨다고 말해 준다. 하나님이 아이들에게는 하나님을 섬기기 위한 어떤 재능을 주셨는지 함께 이야기를 나누어 본다.

tip 인도자가 '브' 자와 '오' 자를 만들어서 시범으로 보여 주면 좋다.

❸ 간식을 먹은 후 마무리 정리를 잘하도록 지도한다.

마무리

오순도순

준비물 ▶ 유치부 교재 43쪽 메시지 카드, 소그룹 활동지, 파일

❶ 이번 주 메시지 카드로 부모님과 함께 오늘 배운 성경 이야기를 나누어 보라고 한다.

가족과 활동해요

• 아이들과 함께 우리 집을 그려 보세요. 집 안에 거한다는 것이 무슨 뜻인지 함께 대화해 보세요.
• 요한복음 1장 14절을 읽은 뒤 예수님을 이 땅에 보내시고 십자가 죽음을 통해 우리를 죄에서 구원하신 하나님의 계획에 대해 함께 이야기해 보세요.

❷ 소그룹 활동지를 떼어 파일에 끼우고 가방이 정리하게 한다.

❸ 아이들을 위해 기도한다.

인도자 하나님, 하나님의 거룩하심을 찬양해요. 우리는 하나님처럼 거룩하지 못하지만, 그런 우리를 받아 주시고 우리와 함께해 주셔서 감사해요. 예수님을 보내 우리의 죄를 용서하시고, 하나님과 함께 영원히 있게 해 주셔서 감사해요. 예수님의 이름으로 기도합니다. 아멘.

❹ 아이를 데리러 온 부모에게 아이가 특별히 즐거워했거나 잘했던 활동들에 대해 이야기 해 주고, 가정에서 성경 읽기와 가족 활동을 진행할 수 있도록 격려한다.

나만의 기록장

성막 그리기

나를 위한 하나님의 멋진 계획

'복음'이라는 말을 들어 본 적 있니?
복음이란
'좋은 소식'이라는 뜻이야.
우리에게 보내신 하나님의 좋은 소식이 무엇일까?

하나님은 세상을 만드셨단다
하나님이 세상을 만드시고, 사람을 만드셨어. 그리고 사랑하셨지.
(창 1:1; 골 1:16~17; 계 4:11)

사람들은 죄를 짓고 하나님을 떠났어
그런데 사람들이 죄를 지어서 하나님과 함께 살 수 없게 되었어.
결국 죽을 수밖에 없게 되었지.
(롬 3:23, 6:23)

하나님은 구원 계획을 갖고 계신단다
하나님은 우리를 사랑하셔서 하나님과 함께 살기 원하셨어.
그래서 우리(너)를 위한 놀라운 계획을 세우셨단다.
(요 3:16; 엡 2:8~9)

예수님이 우리에게 생명을 주셨어
하나님은 아들 예수님을 보내셨고, 예수님은 우리 죄를 대신해 십자가에서 죽으시고, 3일 만에 다시 살아나셨어. 우리에게 영원한 생명을 주시고 하나님과 함께 살 수 있는 길을 열어 주신 거야.
(롬 5:8; 고후 5:21; 벧전 3:18)

예수님! 우리의 마음에 오세요!
예수님을 믿고 마음에 받아들이면 하나님의 자녀가 된단다.
이것이 가장 좋은 소식, 복된 소식, 복음이란다.
(요 1:12~13; 롬 10:9~10, 13)

예수님을 영접하기 원하는 어린이가 있다면 개인적으로 상담하고 영접 기도를 할 수 있도록 도와주세요.

예수님이 ○○를 사랑하시는 것을 믿겠니?
예수님이 ○○의 죄를 씻어 주신 것을 믿겠니?
예수님을 ○○의 마음에 받아들이겠니?

믿음을 고백하고 예수님을 영접하기 원하는 어린이를 위해 간절히 기도해 주세요.

이제 ○○는 하나님의 자녀(아들, 딸)가 되었어!
이것이 예수님을 통해 ○○에게 이루어 주신 하나님의 계획이야!
○○야, 하나님의 자녀(아들, 딸) 된 것을 축하해!

9

하나님이 제사의 규칙을 정해 주셨어요

[레 1~27장]

주제 | 하나님은 죄를 용서받을 수 있는 길을 열어 주셨어요.

예수님 생각하기 | '레위기'는 하나님이 이스라엘 백성에게 요구하신 희생 제사에 관해 이야기하는 책이에요. 하나님은 이스라엘 백성이 죄를 지었지만 하나님이 그들을 용서하실 것이라는 사실을 알기 원하셨어요. 하나님은 아들이신 예수님을 이 땅에 보내 완벽한 희생 제물이 되게 하셨어요. 예수님은 우리의 죄를 영원히 용서해 주세요.

단원 암송 | 레 11:45

성경의 초점 | 누가 하나님의 법을 완전하게 지킬 수 있나요? 예수님 외에는 아무도 없어요.

성막이 완성되었습니다. 하나님의 영광이 성막에 머물렀고, 이스라엘 백성은 더 이상 하나님의 임재로 인해 죽을까 염려할 필요가 없었습니다. 하나님은 시내산에서 이스라엘 백성에게 율법을 주셨습니다. 하나님이 주신 율법에는 그들이 어떻게 살아야 하는지, 성막에서 하나님을 어떻게 예배해야 하는지에 대한 내용이 포함되어 있었습니다. 모든 규칙이 레위기에 기록되어 있습니다. 하나님이 이러한 규칙을 주신 이유는 레위기 19장 2절에서 찾아볼 수 있습니다. "너희는 거룩하라 이는 나 여호와 너희 하나님이 거룩함이니라."

하나님은 육체의 생명이 피에 있으므로 피가 죄를 속한다고 말씀하셨습니다(레 17:11). 이것은 "왜 예수님이 십자가에서 피 흘려 죽으셔야 했나?"라는 질문에 대한 답이기도 합니다. 죄를 용서받기 위해서는 피 흘림이 필요합니다. "율법을 따라 거의 모든 물건이 피로써 정결하게 되나니 피 흘림이 없은즉 사함이 없느니라"(히 9:22).

희생 제물에 대한 신약의 가르침을 찾아보는 것은 중요합니다. 히브리서 10장 4절은 "이는 황소와 염소의 피가 능히 죄를 없이하지 못함이라"라고 말합니다. 동물의 피가 죄를 없애지 못한다면 하나님은 왜 사람들에게 희생 제사를 요구하셨을까요? 희생 제사 제도는 자신을 완벽한 희생 제물로 드리셔서 우리의 죄를 한 번에 영원히 속죄하신 예수님의 십자가 사건을 예표하는 그림자요 모형인 것입니다(엡 1:7; 롬 5:9).

레위기는 이스라엘 백성을 위한 많은 규칙을 담고 있습니다. 그러나 오늘날 우리는 레위기의 모든 규칙을 지키지는 않습니다. 예수님이 우리를 위해 율법에 완전히 순종하셨기 때문입니다.

● ● 티칭 포인트

성경에서 레위기는 아이들에게 익숙하지 않은 책입니다. 이 과를 통해 하나님은 거룩하시기 때문에 죄를 용서받기 위해서는 피의 희생 제물이 반드시 필요하다는 점을 아이들에게 설명해 주십시오. 그리고 아이들을 예수님께로 인도하십시오. 예수님이 우리를 위해 세상의 죄를 모두 지신 완벽한, 그리고 완전한 희생 제물이 되셨다는 사실이 얼마나 소중한지 알려 주십시오(요 1:29).

하나님이 제사의 규칙을 정해 주셨어요

레 1~27장

시내산에서 하나님은 모세에게 여러 가지 법과 규칙을 주셨어요. 이 법은 사람들이 어떻게 거룩하게 살아야 할지에 대해 알려 주어요. 하나님은 거룩하시기 때문에 죄와 함께 계실 수 없어요. 하지만 이스라엘 백성이 하나님의 법을 완벽하게 지키지 못했어요. 그래서 하나님은 성막에서 모세를 만나셔서, 이스라엘 백성에게 어떻게 살아야 할지, 특히 죄를 지었을 때 어떻게 해야 할지를 알려 주셨어요.

먼저, 하나님은 제물을 드리는 방법을 알려 주셨어요. '제물'이란 사람들이 하나님께 드리는 돈이나 보석같이 소중히 여기는 선물을 말해요. 동물, 곡식, 빵 등이 제물로 드려졌어요. 예물에는 특별한 목적이 있었어요. 하나님을 찬양할 때는 번제 제물을 드렸어요. 그리고 하나님께 잘못했다고 고백하고 싶을 때는 죄 용서를 구하는 속죄 제물을 드렸어요.

하나님은 제사장들에 대한 규칙도 주셨어요. 제사장들은 사람들이 하나님께 제사를 드려 예배하도록 돕는 지도자들이었어요. 제사장들은 성막을 지키고, 사람들에게 하나님이 원하시는 거룩한 삶에 대해 가르쳤어요. 아론과 그의 아들들이 제사장으로 섬겼답니다.

하나님은 모세에게 일 년에 한 번 있는 특별한 날에 대해 말씀하셨어요. 그날은 '대속죄일'이라고 불렸어요. '속죄'란 '죄의 값을 치르고 용서받는 것'을 말해요. 사람들이 하나님과 화해하기 위해서는 죄를 용서받아야 했어요.

대속죄일이 되면 대제사장은 특별한 희생 제사를 드렸어요. 그는 동물의 피를 가지고 성막 중에서 가장 특별한 공간인 지성소로 들어갔어요. 지성소 안에는 언약궤가 있었어요. 언약궤는 금을 입힌 나무 상자였어요. 대제사장은 '은혜가 임하는 자리'라고 불리는 언약궤의 뚜껑 위에 동물의 피를 뿌렸어요. 희생 제물이 중요한 이유는 이스라엘 백성의 죄를 없애 주었기 때문이에요. 하나님은 이렇게 말씀하셨어요. "그날 너희의 죄가 용서될 것이다. 너희의 모든 죄가 깨끗하게 될 것이다."

하나님은 이스라엘 백성에게 하나님의 법을 주셔서 어떻게 살아야 할지를 알려 주셨어요. 하나님은 "내가 거룩하니 너희도 거룩하라"라고 말씀하시고, 거룩이 무엇인지 알려 주셨어요. "부모를 공경하라", "안식일을 지켜라", "거짓말하지 말라", "네 이웃을 네 자신같이 사랑하라" 등 많은 규칙을 주셨답니다.

●● 예수님 생각하기

'레위기'는 하나님이 이스라엘 백성에게 요구하신 희생 제사에 관해 이야기하는 책이에요. 하나님은 이스라엘 백성이 죄를 지었지만 하나님이 그들을 용서하실 것이라는 사실을 알기 원하셨어요. 하나님은 아들이신 예수님을 이 땅에 보내 완벽한 희생 제물이 되게 하셨어요. 예수님은 우리의 죄를 영원히 용서해 주세요.

가스펠
준비

싱글벙글 —— 😊 **환영해요**

"거룩하라"(지도자용 팩)를 튼다. 아이들을 반갑게 맞이하며 헌금과 기도를 도와준다. 예배 중 헌금 순서가 있다면 아이들이 헌금을 잘 간수하도록 돕는다. 가방과 외투를 정리하도록 안내한다. 새로 온 아이가 있다면 음수대와 화장실의 위치를 알려 주고, 보호자와 만나는 시간과 방법 등을 소개한다. 보호자들을 위한 안내문을 붙여 아이와 만나는 시간, 기다리는 장소, 헌금 방법, 아이에 대한 특별한 주의 사항을 교사에게 미리 알려 주기 등을 공지한다.

너랑 나랑 —— 😊 **마음 열기**

주제와 관련 있는 퍼즐이나 블록 등 아이들이 좋아하는 장난감을 몇 가지 비치해 두고 다양한 활동을 하며 예배를 준비하도록 돕는다. 아이들이 마음을 열고 오늘의 주제에 관심을 갖게 하며 예배에 집중할 수 있도록 도와준다. 교회 형편에 맞게 시간과 활동 방법을 조절한다.

규칙을 따라요 ∗ ----------------- 준비물 ▶ 흰색 전지, 사인펜(화이트보드, 보드 마커)

❶ 아이들에게 몇 가지 규칙을 정해 오늘 하루 지켜 보자고 제안한다.
❷ 아이디어를 생각해 흰색 전지에 쓰게 한다.
> **tip** '자리에 앉기 전에 제자리에서 한 바퀴 돌기'와 같이 재미있는 규칙을 만들거나 '다른 사람이 말할 때 조용히 하기'와 같이 필요한 규칙을 만들어도 좋다고 말해 준다.

> **인도자** 가정이나 학교나 교회에는 우리가 지켜야 할 많은 규칙이 있어요. 게임도 마찬가지예요! 규칙을 어기면 어떤 일이 벌어질까요? 아이들의 대답을 기다린다. 그래요, 우리는 규칙을 따르기 위해 노력해야 해요. 오늘의 성경 이야기에서 하나님은 이스라엘 백성이 규칙을 어겼을 때 해야 할 일을 가르쳐 주셨어요.

책갈피를 만들어요 ∗ --------- 준비물 ▶ 연필, 가위, 풀, 다양한 색깔의 비즈(끈에 끼울 수 있을 만한 구멍 크기), 가죽끈(얇은 리본 끈), 클립

❶ 가죽끈을 교사용 교재보다 5~7cm 정도 길게 자른 후 아이들에게 나누어 준다.
❷ 가죽끈이 책의 아래 끝에 닿는 부분에 연필로 살짝 표시해 둔다. 아이들에게 비즈를 나누어 주고, 그 표시를 넘지 않도록 끈에 끼워 넣으라고 한다. 책 아래쪽 가죽끈의 끝부분을 매듭지어서 비즈가 빠지지 않게 한다.
> **tip** 매듭짓는 일은 교사가 도와준다.
❸ 책 위쪽 가죽끈의 끝부분을 클립에 묶어 고정하고, 책 뒷면에 클립을 끼워 책갈피를 완성한다.

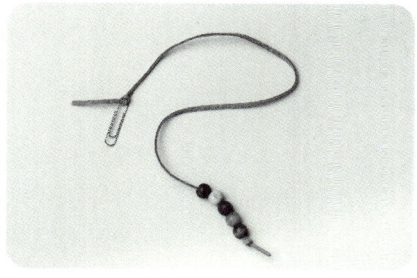

인도자 하나님의 말씀은 어디에서 찾을 수 있을까요? 아이들의 대답을 기다린다. 맞아요! 성경에서 찾을 수 있지요. 오늘 만든 책갈피를 여러분의 성경책에 꽂아 놓고 매일매일 하나님의 말씀을 읽는 친구들이 되기를 바라요. 오늘의 성경 이야기는 성경 중에서 세 번째 책인 '레위기'에 나와요. 우리는 '레위기'를 통해 하나님이 이스라엘 백성에게 희생 제사를 드리는 규칙을 주신 이야기를 배울 거예요.

규칙 술래잡기를 해요 ✱

❶ 아이들 중 한 명을 술래로 뽑는다. 술래는 친구들을 쫓아다니며 가능한 한 많이 잡아야 한다고 말해 준다.

❷ 술래에게 잡힌 아이는 한 손을 든 채 얼음이 도 어야 한다고 말해 준다. 이때 인도자와 교사들이 얼음이 된 아이에게 다가가서 지시 사항을 속삭여 줄 텐데 그 지시를 따르면 얼음에서 풀려날 수 있다는 게임의 규칙을 설명해 준다.

예) 숨을 10초 동안 참기, 양팔 벌리고 한 발로 10초 서 있기, 코끼리 코 3회 하기, 얼굴에 붙인 포스트잇 손대지 않고 떼기 등.

tip 아이 2명당 교사 1명씩 투입되도록 하는 것이 좋다.

❸ 술래를 바꾸어 가며 게임을 여러 번 반복한다.

인도자 여러분, 정말 잘했어요! 술래가 여러분을 잡으면 얼음이 되었지요? 그러면 선생님들이 여러분이 해야 할 일을 알려 주셨어요. 오늘의 성경 이야기에서 하나님은 이스라엘 백성에게 특별한 규칙을 알려 주셨어요. 어떤 규칙이었을까요? 이제부터 알아보아요.

예배 대형으로 모이기

• 카운트다운 영상, 모이기 노래 등을 활용해 예배 대형으로 바꾸고 마음을 준비하게 한다.
• 공간을 이동해야 한다면 교회에서 지켜야 할 규칙에 대해 이야기하며 가도록 한다.

가스펠
설교

 하나 **들어가기**

인도자가 잘못된 선택을 했던 순간에 대해 아이들에게 이야기해 준다.

여러분은 잘못된 선택을 했을 때 어떻게 하나요? 미안하다고 사과하나요? 용서를 구하나요? 하나님은 이스라엘 백성이 하나님의 규칙을 완벽하게 지키지 못할 것을 아셨어요. 사람들은 잘못된 선택을 하니까요. 그래서 하나님은 이스라엘 백성이 잘못된 선택을 했을 때를 위한 계획을 갖고 계셨답니다.

둘 **성경 이야기**

레위기를 편다. 설교 영상(지도자용 팩)을 보여 주거나 이야기 성경을 들려준다.

성경보다 중요한 책이 있을까요? 없어요! 성경은 세상에서 가장 중요한 책이에요. 하나님의 말씀이 담겨 있는 책이기 때문이에요. 성경에 나온 이야기들은 실제로 일어난 일들이에요. 오늘의 성경 이야기는 '레위기'에 나온답니다.

셋 **메시지와 정리**

이스라엘 백성은 하나님의 규칙을 모두 지키지 못했어요. 하나님은 희생 제사를 통해 이스라엘 백성이 죄를 용서받을 수 있는 방법을 주셨지요. **하나님은 죄를 용서받을 수 있는 길을 열어 주셨어요.**

연대표(지도자용 팩)를 가리키면서 복습 질문을 한다.

1. 이스라엘 백성은 하나님께 죄를 지었을 때 어떻게 해야 했나요? 하나님께 희생 제사를 드려야 했다
2. 이스라엘 백성이 희생 제사를 드려 하나님을 예배하도록 도와주었던 사람이 누구인가요? 제사장
3. '속죄'가 무슨 뜻인가요? 잘못된 일을 바로잡는 것, 죄의 값을 치르고 용서받는 것
4. 희생 제물이 중요한 이유는 무엇인가요? 이스라엘 백성의 죄를 없애 주었기 때문에

넷 ― 성경의 초점

2단원의 '성경의 초점'은 **"누가 하나님의 법을 완전하게 지킬 수 있나요?"**, **"예수님 외에는 아무도 없어요"**랍니다. 하나님은 아들이신 예수님을 이 땅에 보내 완벽한 희생 제물이 되게 하셨어요. 예수님은 우리의 죄를 영원히 용서해 주세요.

다섯 ― 복음 초청

성경과 104쪽 복음 초청 가이드를 이용해서 아이들에게 그리스도인이 되는 법을 설명해 준다. 그로 상담해 줄 사람을 정해 주고 궁금한 점이 있으면 물어보도록 격려한다.

이 시간 예수님을 믿고 마음에 모시고 싶은 친구는 함께 기도해요.

여섯 ― 기도

예수님을 이 땅에 보내 완벽한 희생 제물이 되게 하신 하나님, 감사해요. 우리가 예수님을 믿으면 우리의 죄를 용서받고 하나님과 가까워질 수 있다는 것을 믿어요. 감사하고 사랑해요. 예수님의 이름으로 기도합니다. 아멘.

일곱 ― 암송송

성경에서 레위기 11장 45절을 펴고 큰 소리로 여러 번 따라 읽게 한다.

하나님은 거룩하세요. 그래서 죄와 가까이하실 수 없어요. 우리는 거룩하지 않아요. 그렇지만 예수님을 믿으면 예수님이 우리의 죄를 가져가시고 우리를 거룩하게 해 주셔서 하나님과 영원히 함께하게 해 주세요.

암송송(141쪽)에 맞추어 손유희를 하며 말씀을 익힌다.

"나는 너희의 하나님이 되려고 너희를 애굽 땅에서 인도하여 낸 여호와라 내가 거룩하니 너희도 거룩할지어다"(레 11:45).

tip 전체 구절 암송이 어려운 경우에는 표시 부분을 발췌해 외워도 좋다.

가스펠
소그룹

알콩달콩 🙂 **말씀 놀이**

하나님께 제사를 드려요

준비물 ▶ 유치부 교재 24쪽, 색연필

죄의 값을 치르고 용서받는 것을
'**속죄**'라고 해요.

이야기 나누기
- 예수님이 죄를 씻기 위해 완벽한 희생 제물이 되셨다는 말은 무슨 뜻인가요?
- 오늘 우리는 죄를 지으면 어떻게 하나요?

❶ 이스라엘 백성이 하나님께 죄를 용서받기 위해 드린 희생 제물에 ○표 하게 한다.
❷ 아이들과 함께 문장을 큰 소리로 읽은 후 흐린 글씨를 따라 써 보며 '속죄'의 의미를 기억하게 한다.

> **인도자** 일 년에 한 번 '대속죄일'에 대제사장은 이스라엘 백성의 죄를 용서받기 위해 하나님께 희생 제사를 드렸어요. 이 제사에 쓰인 희생 제물이 중요한 이유는 이스라엘 백성의 죄를 없애 주었기 때문이에요. 하나님은 "그날 너희의 죄가 용서될 것이다. 너희의 모든 죄가 깨끗하게 될 것이다"라고 하셨어요. **하나님은 죄를 용서받을 수 있는 길을 열어 주셨어요.** 하나님은 아들이신 예수님을 이 땅에 보내 완벽한 희생 제물이 되게 하셨어요. 예수님은 우리의 죄를 영원히 용서해 주세요.

'가라사대' 게임을 해요 ✳

준비물 ▶ 찬양

❶ 인도자가 '가라사대'라는 말로 시작할 때만 지시를 따라야 한다는 게임의 규칙을 설명해 준다.
❷ 만약 '가라사대'로 시작하지 않은 지시를 따른 아이들이 있다면 제자리에 앉히고, 얼마간의 시간이 흐른 뒤 인도자가 "내가 너를 용서하노라"라고 말한 뒤 일으켜 세워 게임을 계속 진행한다.
예) "가라사대 '하나님 사랑해요'라고 소리쳐 보세요"(소리치지 않은 아이는 앉기) / "한 번 더 소리쳐 보세요"(소리친 아이는 앉기) / "잘했어요. 모두 박수!"(박수한 아이는 앉기) / "가라사대 이번엔 진짜 모두 박수!"(박수하지 않은 아이는 앉기) 등.

tip 연령대가 높은 아이들의 경우 틀리면 거임에서 빠지게 해도 좋다.

인도자 지시를 따르기가 쉽지 않았지요? 이스라엘 백성도 하나님의 규칙을 따르겠다고 말했지만 그렇게 하지 못했어요. 그들도, 우리도 죄인이에요. 하지만 **하나님은 죄를 용서받을 수 있는 길을 열어 주셨어요.** 예수님은 우리의 죄를 영원히 용서하세요.

성경 탐험을 해요 *

준비물 ▶ 다양한 크기와 색깔의 성경책(그림이 그려진 성경책 포함), 책갈피, 형광펜

❶ 성경책들마다 2단원 암송 구절인 레위기 11장 45절에 책갈피를 끼워 둔다.
  tip "너랑 나랑 마음 열기"에서 만들었던 책갈피를 사용하면 좋다.

❷ 하나님의 말씀이 얼마나 중요한지에 대해 함께 이야기를 나누고, 레위기 11장 45절을 찾아서 형광펜으로 줄을 그으라고 한다. 성경 찾기를 어려워하는 아이가 있다면 책갈피가 끼워진 곳을 펴면 된다고 말해 준다.

❸ 2단원 암송 구절을 암송할 수 있는 아이가 있다면 앞으로 나오게 해 인도자와 함께 암송하도록 한다.

인도자 하나님은 성경을 통해 우리가 하나님을 알고, 하나님을 사랑하게 해 주셨어요. 하나님은 하나님의 백성과 함께하기 원하세요. 하지만 하나님은 거룩하신 분이셔서 죄와 함께하실 수가 없지요. 아담과 하와가 죄를 지은 이후로 모든 사람은 죄를 지었어요. 예수님만 빼고요. **하나님은** 구약 시대에는 희생 제사를 통해, 그리고 신약 시대에는 예수님을 이 땅에 보내심으로써 **죄를 용서받을 수 있는 길을 열어 주셨어요.** 예수님은 우리의 죄를 영원히 용서하세요.

글자 점프를 해요 *

준비물 ▶ 글자 '거', '룩', '하', '라'를 쓴 A5 용지 각각 3장씩, 마스킹 케이프

❶ 글자 '거', '룩', '하', '라'를 쓴 A5 용지를 마스킹 테이프를 이용해 예배실 바닥에 차례대로 붙인다.
  tip 아이들의 보폭에 맞게 약 30~45cm 간격으로 붙인다. '거룩하라'가 3회 반복된 형태다. 붙이는 모양은 지그재그, 일자, S자 등 자유롭게 한다. 찢어지지 않도록 종이를 코팅하거나 비닐을 덧입혀도 좋다.

❷ 마스킹 테이프로 출발선과 도착선을 표시하고, 출발선 뒤로 아이들을 한 줄로 길게 세운다. 첫 번째 아이부터 앞으로 나와서 글자 '거', '룩', '하', '라'를 차례로 외치며 글자를 밟아 도착선까지 가라고 한다. 도착 후에는 도착선 옆에 길게 한 줄로 앉아 친구를 기다려 주도록 한다.

인도자 하나님은 거룩하시고 완전하신 분이에요! 하나님은 결코 잘못된 일을 하지 않으세요. 우리 중에서 하나님의 규칙을 완전히 지킬 수 있는 사람은 아무도 없어요. 하나님은 죄와 가까이하실 수 없어요. 그래서 **하나님은** 하나님의 백성에게 **죄를 용서받을 수 있는 길을 열어 주셨어요.** 우리가 예수님을 믿을 때 예수님은 우리의 죄를 영원히 용서하시고 예수님처럼 거룩하게 만들어 주세요.

 **간식**

소곤소곤 꿀~껙

준비물 ▶ 빵, 크래커, 접시

❶ 카운트다운 영상, 정리하기 노래 등을 활용해 활동이 끝났음을 알린다. 아이들에게 주변을 정리하게 하고, 화장실에 가거나 물티슈 등을 이용해 손을 씻을 시간을 준다.

❷ 감사 기도를 드리고 빵과 크래커를 간식으로 나누어 준다. 아이들이 간식을 먹는 동안 이스라엘 백성이 하나님께 드렸던 희생 제사에 대해 떠올려 준다.

❸ 간식을 먹은 후 마무리 정리를 잘하도록 지도한다.

오순도순 **마무리**

준비물 ▶ 유치부 교재 43쪽 메시지 카드, 소그룹 활동지, 파일

❶ 이번 주 메시지 카드로 부모님과 함께 오늘 배운 성경 이야기를 나누어 보라고 한다.

가족과 활동해요

• 우리 가족의 죄를 용서해 주시기 위해 희생 제물이 되신 예수님께 감사의 편지를 써 보세요.
• 우리 가족이 실천할 수 있는 작은 희생을 생각해 보세요. 예를 들어, 외식비를 절약해 어려운 이웃을 돕는 일에 쓸 수 있어요.

❷ 소그룹 활동지를 떼어 파일에 끼우고 가방에 정리하게 한다.

❸ 아이들을 위해 기도한다.

인도자 하나님, 하나님의 거룩하심을 찬양해요. 하나님은 언제나 옳고 선한 일을 행하세요. 우리는 거룩하지 못해요. 예수님 이외에는 누구도 하나님의 율법을 완벽하게 지킬 수 없어요. 하나님, 우리에게 용서받을 수 있는 길을 열어 주셔서 감사해요. 아들이신 예수님을 보내 예수님을 믿게 하시고, 우리의 죄를 용서해 주셔서 감사해요. 예수님의 이름으로 기도합니다. 아멘.

❹ 아이를 데리러 온 부모에게 아이가 특별히 즐거워했거나 잘했던 활동들에 대해 이야기해 주고, 가정에서 성경 읽기와 가족 활동을 진행할 수 있도록 격려한다.

✏️ **나만의 기록장**

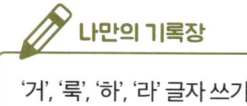

'거', '룩', '하', '라' 글자 쓰기

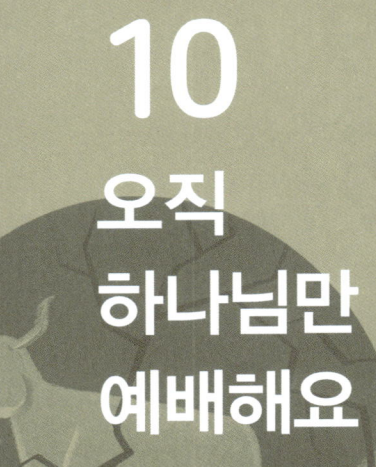

10
오직
하나님만
예배해요

〔 신 1장, 3:23~4:40 〕

주제	하나님은 오직 한 분, 진짜 하나님이세요.
예수님 생각하기	모세는 이스라엘 백성에게 하나님께 순종하고 하나님만 예배하라고 말했어요. 예수님은 우리를 아버지 하나님께로 인도하세요. 우리는 오직 한 분, 진짜 하나님께 순종해야 해요.

단원 암송	레 11:45
성경의 초점	누가 하나님의 법을 완전하게 지킬 수 있나요? 예수님 외에는 아무도 없어요.

하나님은 아브라함과 그의 후손과 맺은 언약을 신실하게 지키셨습니다. 하나님은 이스라엘 백성을 하늘의 별같이 많게 하셨고 (신 1:10), 가나안 땅 앞으로 인도하셨습니다 (신 1:8). 그들이 해야 할 일은 약속의 땅을 정복하는 것이었습니다. 그러나 이스라엘 백성은 거부했고, 12명의 정탐꾼들을 보냈습니다. 정탐꾼들의 보고를 통해 가나안 족속에 대한 설명을 들은 그들은 두려워 떨었습니다. 마찬가지로 정탐을 다녀왔던 여호수아와 갈렙이 하나님이 보호하실 것이라고 주장했지만 이스라엘 백성은 하나님을 신뢰하지 않았습니다.

그러자 하나님은 이스라엘 백성을 벌하셨습니다. 그들은 광야에서 40년 동안 유리했습니다. 믿지 않은 사람들은 아무도 약속의 땅에 들어가지 못했습니다. 하나님께 불순종한 모세도 들어가지 못했습니다. 여호수아와 갈렙, 그리고 광야에서 태어나고 자란 자손만이 그 땅에 들어갈 수 있었습니다. 이스라엘 백성이 가나안 땅의 경계에 이르렀을 때 출애굽을 경험한 성인들은 대부분 사망한 상태였습니다. 아이들은 성인으로 자랐고, 대부분의 사람들은 광야에서 태어난 이들이었습니다. 신명기의 첫 부분에서 모세의 설교를 들은 새로운 세대는 바로 이들을 가리킵니다.

모세는 이스라엘의 역사를 회고하며 이스라엘 백성에게 하나님을 신뢰하도록 격려했습니다. 신명기 4장은 이스라엘의 새로운 세대를 향한 모세의 명령을 기록하고 있습니다. 모세는 이스라엘 백성에게 하나님께 순종할 것과 이스라엘의 역사를 기억해 우상 숭배를 피할 것을 명령했습니다. 모세는 지금까지 이런 큰 일이 있었는지 상고해 보라고 말했습니다(신 4:32). "이것을 네게 나타내심은 여호와는 하나님이시요 그 외에는 다른 신이 없음을 네게 알게 하려 하심이니라"(신 4:35).

모세는 이스라엘 백성에게 하나님께 순종하라고 명령했습니다. 또한 오직 하나님만 예배하라고 했습니다. 하나님만 유일한 진짜 신이시기 때문입니다. 주변 민족들은 다신교(여러 신을 믿음)나 단일 신교(여러 신을 믿는데 그중 한 신을 주신으로 섬김) 사상을 가지고 있었지만 성경은 하나님이 한 분이심을 단언합니다(신 6:4~9).

● ● 티칭 포인트

아이들에게 모세가 전한 하나님의 말씀을 가르쳐 주면서, 우리가 예수님을 믿으면 하나님으로부터 영원한 생명을 얻는다는 사실을 강조해 주십시오. 우리는 오직 한 분, 진짜 하나님이신 하나님께 순종해야 한다고 말해 주십시오.

오직 하나님만 예배해요

신 1장, 3:23~4:40

모세와 이스라엘 백성은 광야에서 40년을 살았어요. 모세가 이집트에서 이스라엘 백성을 구해 냈을 때 어린아이였던 사람들은 이제 나이가 많아졌지요. 젊은 사람들도 있었어요. 그들은 광야에서 태어난 사람들이었지요. 그들은 부모님과 할아버지, 할머니로부터 하나님이 이스라엘 백성을 어떻게 도우셨는지에 대해 들으면서 자랐어요.

마침내 이스라엘 백성은 하나님이 그들에게 주겠다고 하신 약속의 땅 앞에 도착했어요. 약속의 땅은 이스라엘 백성에게 새로운 보금자리가 될 거예요. 이제 나이가 아주 많이 든 모세는 이스라엘 백성에게 약속의 땅에 들어가기 전에 들어야 할 하나님의 말씀을 전해 주었어요. 하나님이 모세에게 명하신 모든 것을 말해 주었지요. 이스라엘 백성은 하나님이 하신 일을 기억했을까요?

먼저, 모세는 왜 이스라엘 백성이 광야에서 오랫동안 살게 되었는지를 떠올려 주었어요. "오래전에 하나님은 우리에게 약속하신 땅으로 들어가라고 말씀하셨습니다. 그 땅은 하나님이 아브라함과 이삭과 야곱, 그리고 후손인 우리에게 약속하신 땅이었습니다. 그러나 우리는 그 땅에 들어가지 않으려 했습니다. 하나님을 신뢰하지 않았기 때문입니다. 하나님께 불순종한 사람은 약속의 땅에 들어가지 못한다고 하나님이 말씀하셨습니다. 저도 들어가지 못하게 되었습니다. 하나님을 완전히

믿은 여호수아와 갈렙, 그리고 우리 자녀들만이 약속의 땅에 들어가게 될 것입니다."

모세는 하나님께 약속의 땅에 들어가게 해 달라고 구했어요. 하지만 하나님은 모세가 하나님의 말씀을 따르지 않았기 때문에 안 된다고 말씀하셨어요. 하나님은 여호수아를 지도자로 세우라고 하셨어요. 모세는 하나님의 말씀에 순종했고, 이제 여호수아가 이스라엘 백성을 약속의 땅으로 인도하게 되었어요.

다음으로, 모세는 이스라엘 백성에게 하나님의 명령을 떠올려 주었어요. "약속의 땅에 들어가면 하나님의 규칙을 지키고, 하나님이 여러분에게 하신 일들을 기억하십시오. 그리고 자녀들과 손자들에게 가르치십시오."

모세는 경고하는 이야기도 했어요. "여러분을 위해 우상을 만들지 마십시오. 오직 하나님만을 예배해야 합니다." 모세는 하나님이 자기 백성을 돌보신다고 말했어요. "기억하십시오. 오직 한 분, 하나님만 진짜 신이시며, 하나님 외에는 아무도 없습니다. 하나님은 천지 만물 가운데 계십니다. 하나님께 순종하면 하나님이 주신 땅에서 오래 살게 될 것입니다."

●● 예수님 생각하기

모세는 이스라엘 백성에게 하나님께 순종하고 하나님만 예배하라고 말했어요. 예수님은 우리를 아버지 하나님께로 인도하세요. 우리는 오직 한 분, 진짜 하나님께 순종해야 해요.

가스펠
준비

😊 **환영해요**

"거룩하라"(지도자용 팩)를 튼다. 아이들을 반갑게 맞이하며 헌금과 기도를 도와준다. 예배 중 헌금 순서가 있다면 아이들이 헌금을 잘 간수하도록 돕는다. 가방과 외투를 정리하도록 안내한다. 새로 온 아이가 있다면 음수대와 화장실의 위치를 알려 주고, 보호자와 만나는 시간과 방법 등을 소개한다. 보호자들을 위한 안내문을 붙여 아이와 만나는 시간, 기다리는 장소, 헌금 방법, 아이에 대한 특별한 주의 사항을 교사에게 미리 알려 주기 등을 공지한다.

너랑 나랑 😊 **마음 열기**

주제와 관련 있는 퍼즐이나 블록 등 아이들이 좋아하는 장난감을 몇 가지 비치해 두고 다양한 활동을 하며 예배를 준비하도록 돕는다. 아이들이 마음을 열고 오늘의 주제에 관심을 갖게 하며 예배에 집중할 수 있도록 도와준다. 교회 형편에 맞게 시간과 활동 방법을 조절한다.

감사한 일을 발표해요 ∗ ⎯⎯⎯⎯⎯⎯⎯⎯⎯⎯⎯⎯⎯ 준비물 ▶ 마이크

❶ 아이들을 마주 보고 둥글게 앉힌다.
❷ 인도자가 마이크를 잡고 하나님이 자신에게 행하신 감사한 일을 아이들에게 말해 준다.
❸ 인도자가 발표를 마치면 마이크를 오른쪽에 있는 아이에게 건네준다. 마이크를 받은 아이 역시 하나님이 자신에게 행하신 감사한 일을 발표한다.
❹ 마이크가 원을 돌아 인도자에게 올 때까지 발표를 계속한다.

> **tip** 하나님이 자신에게 행하신 감사한 일을 떠올리는 것을 어려워하는 아이의 경우 힌트를 주도록 한다. 예를 들어, "○○야, 너는 찬양을 참 잘하더라", "○○야, 너는 웃을 때 가장 예뻐" 등이다.

> **인도자** 모두 잘 발표해 주어서 고마워요! 하나님은 우리가 하나님이 행하신 일을 기억하고 감사하기를 원하세요. 오늘 우리는 하나님만 예배해야 하는 이유에 대해 배울 거예요. **하나님은 오직 한 분, 진짜 하나님이시기** 때문이에요.

광야를 공부해요 ∗ ⎯⎯⎯⎯⎯⎯⎯⎯⎯⎯⎯ 준비물 ▶ 광야에 대한 영상이나 책

❶ '광야'가 어떤 장소를 표현하는 말인지 상상해 보고 이야기를 나눈다.
❷ 광야에 대한 영상이나 책을 보여 준다.

> **인도자** 하나님은 이스라엘 백성을 약속의 땅으로 인도하셨지만, 그들은 들어가지 못했어

요! 하나님의 약속을 믿지 못했기 때문이지요. 하나님은 이스라엘 백성이 40년 동안 광야를 떠돌아다니게 하셨어요. 이제 그들은 약속의 땅에 들어갈 준비가 되었어요. 모세는 그들에게 중요한 메시지를 전했어요. 오늘 우리는 모세가 이스라엘 백성에게 전했던 메시지에 대해 배울 거예요.

 **예배 대형으로 모이기**

- 카운트다운 영상, 모이기 노래, 불 껐다 켜기, 리듬에 맞춰 손뼉 치기 등을 활용해 아이들의 시선을 집중시킨 후 예배 대형으로 바꾸고 마음을 준비하게 한다.
- 공간을 이동해야 한다면 숫자 1부터 40까지 센 후에 가도록 한다. 이때 숫자 1부터 40까지 세는 데 매우 오랜 시간이 걸린다며 과장해서 표현한다

가스펠 설교

하나 — 들어가기

아이들에게 하나님이 이스라엘 백성을 이집트에서 인도해 내신 이야기를 기억하고 있는지 물어본다.

하나님은 모세에게 이스라엘 백성을 이집트에서부터 약속의 땅으로 인도하라고 말씀 하셨어요. 그런데 광야를 지나가던 이스라엘 백성은 올바른 선택을 했나요? 아니에요! 그들은 음식과 물이 없다고 불평했어요. 때때로 그들은 하나님을 믿지 않았지요. 오늘 우리는 약속의 땅을 앞두고 모세가 이스라엘 백성에게 전한 하나님의 말씀에 대해서 들을 거예요.

둘 — 성경 이야기

신명기 1장, 3~4장을 편다. 설교 영상(지도자용 팩)을 보여 주거나 이야기 성경을 들려준다.

성경은 세상에서 가장 특별한 책이에요. 하나님의 말씀이 그 안에 있기 때문이지요. 성 경에 있는 이야기들은 실제로 일어난 일이에요. 오늘의 성경 이야기는 '신명기'에 나 온답니다.

셋 — 메시지와 정리

모세는 이스라엘 백성에게 **하나님은 오직 한 분, 진짜 하나님이시라고** 말했어요. 모세 는 이스라엘 백성에게 하나님께 순종하고 하나님만 예배하라고 말했어요. 예수님은 우 리를 아버지 하나님께로 인도하세요. 우리는 오직 한 분, 진짜 하나님께 순종해야 해요.

연대표(지도자용 팩)를 가리키면서 복습 질문을 한다.

1. 모세와 이스라엘 백성은 광야에서 얼마나 오랫동안 있었나요? 40년
2. 하나님은 그들을 어디로 인도하셨나요? 약속의 땅
3. 모세는 이스라엘 백성에게 무엇이라고 말했나요? 하나님만 예배하라고 말했다
4. 우리가 하나님만 예배해야 하는 이유는 무엇인가요? **하나님은 오직 한 분, 진짜 하나님이 세요**

넷 — 성경의 초점

'성경의 초점' 질문을 해 볼게요. 답해 보세요. **"누가 하나님의 법을 완전하게 지킬 수 있나요?"** 아이들의 대답을 기다린다. 그래요, 답은 바로 **"예수님 외에는 아무도 없어요"**랍니다. 우리는 모두 죄인이고 하나님의 규칙을 어겼어요. 하지만 예수님은 하나님의 규칙을 완벽하게 지키셨어요. 예수님은 하나님이세요!

다섯 — 복음 초청

성경과 104쪽 복음 초청 가이드를 이용해서 아이들에게 그리스도인이 되는 법을 설명해 준다. 따로 상담해 줄 사람을 정해 주고 궁금한 점이 있으면 물어보도록 격려한다.

이 시간 예수님을 믿고 마음에 모시고 싶은 친구는 함께 기도해요.

여섯 — 기도

하나님, 하나님은 오직 한 분, 진짜 하나님이심을 고백해요. 우리가 무엇을 하든지, 어디에 가든지 오직 하나님만 예배하고 순종하며 살아가게 해 주세요. 예수님의 이름으로 기도합니다. 아멘.

일곱 — 암송송

성경에서 레위기 11장 45절을 펴고 큰 소리로 여러 번 따라 읽게 한다.

하나님은 거룩하세요. 하나님은 우리도 하나님처럼 거룩하기를 원하세요. 우리는 거룩한가요? 아니에요! 우리는 잘못된 선택을 해요. 예수님은 결코 잘못된 선택을 하신 적이 없어요. 예수님은 우리를 아버지 하나님께로 인도하세요. 우리는 **오직 한 분, 진짜 하나님**께 순종해야 해요.

암송송(141쪽)에 맞추어 손유희를 하며 말씀을 익힌다.

"나는 너희의 하나님이 되려고 너희를 애굽 땅에서 인도하여 낸 여호와라 내가 거룩하니 너희도 거룩할지어다"(레 11:45).

tip 전체 구절 암송이 어려운 경우에는 표시 부분을 발췌해 외워도 좋다.

가스펠 소그룹

알콩달콩 말씀 놀이

광야에서 이렇게 변했어요

준비물 ▶ 유치부 교재 26쪽, 색연필, 사진(교사나 인도자의 과거와 현재)

이야기 나누기
- 하나님은 이스라엘 백성이 광야에서 무엇을 깨닫기를 바라셨을까요?
- 우리는 무엇을 가장 최고로 여기며 살아야 하나요?

❶ 40세 이상의 교사들 중 한 명에게 과거와 현재의 사진을 부탁해 준비해 둔다.

❷ 함께 사진을 보며 시간의 흐름에 따라 사람의 모습이 어떻게 변하는지에 대해 이야기를 나누어 본다.

❸ 이스라엘 백성은 40년 동안 광야에서 살았는데, 이집트를 떠날 때 어린아이였던 사람이 약속의 땅에 도착했을 때는 나이가 많아졌다고 설명해 준다. 왼쪽에는 어린아이의 얼굴을, 오른쪽에는 나이가 들어 어른이 된 얼굴을 그려 보게 한다.

❹ 광야에서 시간을 보낸 이스라엘 백성이 무엇을 깨달았을지 생각해 보고 친구와 이야기를 나누어 보게 한다.

tip 지금까지 배운 2권의 연대표(지도자용 팩)를 보여 주며 광야에서 있었던 일들을 떠올릴 수 있도록 도와준다.

인도자 모세와 이스라엘 백성은 광야에서 40년을 보냈어요! 어떤 사람들은 이제 나이가 많아졌지요. 모세가 그들을 이집트에서 구해 냈을 때는 젊은 사람들이었어요. 이제 하나님이 약속하신 땅으로 들어갈 시간이 되었어요. 그 땅에 들어가기 전에 모세는 그들에게 **하나님은 오직 한 분, 진짜 하나님**이신 것을 기억하게 했지요.

찬양 율동 파티를 해요 ✱

준비물 ▶ "여호와 나를 구원하셨네" 찬양(지도자용 팩)

❶ "여호와 나를 구원하셨네" 찬양을 틀고 다 함께 목소리와 몸을 이용해 하나님을 찬양하고 율동을 한다.

❷ 아이들에게 찬양이 다 끝나면 "오직 하나님만 예배해요!"라고 외치라고 한다.

tip 어른과 어린이가 모두 하나님 앞에서 찬양하는 감격을 느낄 수 있도록 인도자와 교사들도 함께하면 좋다.

인도자 찬양과 율동은 하나님을 즐겁게 예배하는 방법이에요. 하나님은 우리가 하나님께 예배하기 원하세요. **하나님은 오직 한 분, 진짜 하나님이세요.** 모세는 이스라엘 백성에게 하나님께 순종하고 하나님만 예배하라고 말했어요.

기억의 팔찌를 만들어요 ✶

준비물 ▶ 색종이, 네임펜, 셀르판테이프

❶ 색종이를 대각선으로 겹쳐 맞닿는 모서리가 0.5cm 정도 떨어지게 접으라고 한다.

❷ ❶을 뒤로 돌린 다음 가장 긴 변을 잡고 앞으로 1cm 정도의 폭으로 반복해서 끝까지 접어 팔찌를 만드는 시범을 보여 주고, 아이들이 따라 하게 한다.

❸ 팔찌에 '하나님'이라고 쓰게 한다.

❹ 셀로판테이프를 이용해 아이들의 손목에 팔찌를 채워 준다.

> **인도자** 팔찌에 '하나님'이라고 썼지요? **하나님은 오직 한 분, 진짜 하나님이세요.** 모세는 이스라엘 백성에게 하나님만 예배하라고 말했어요. 슬프게도, 앞으로 우리는 이스라엘 백성이 **하나님이 오직 한 분, 진짜 하나님**
>
> 이시라는 것을 잊어버리고 다른 신을 섬긴 이야기를 듣게 될 거예요. 이 팔찌를 볼 때마다 **하나님이 오직 한 분, 진짜 하나님**이시라는 것을 모르는 사람들을 기억하고 그들이 죄에서 돌이켜 예수님을 따를 수 있도록 함께 기도해요.

모세가 되어 말씀을 선포해요 ✶

준비물 ▶ 발 디딤대, 성경 시대 의상

❶ 예배실 앞쪽에 튼튼한 발 디딤대를 놓아 둔다.

❷ 자원하는 아이에게 '모세' 역할을 맡기고, 나머지 아이들은 '이스라엘 백성'이라고 말해 준다.

❸ '모세'에게 성경 시대의 의상을 입힌 후 발 디딤대에 올라가 이스라엘 백성에게 말씀을 선포하라고 한다.
예) "하나님만 예배하라!", "하나님의 명령에 순종하라!", "하나님은 오직 한 분, 진짜 하나님이시다!" 등.
`tip` '모세'가 발 디딤대에 안전하게 오르내릴 수 있도록 도와준다.

❹ '모세'를 바꾸어 활동을 계속하고, 모든 아이가 '모세'가 될 때까지 반복한다.

> **인도자** 모세는 약속의 땅을 앞두고 이스라엘 백성에게 중요한 메시지를 전했어요. **하나님은 오직 한 분, 진짜 하나님이세요.** 모세는 이스라엘 백성에게 하나님께 순종하고 하나님만 예배하라고 말했어요. 예수님은 우리를 아버지 하나님께로 인도하세요. 우리는 오직 한 분, 진짜 하나님께 순종해야 해요.

소곤소곤 꿀~꺽  **간식**

준비물 ▶ 낱개로 포장된 여러 모양의 과자

❶ 카운트다운 영상, 정리하기 노래 등을 활용해 활동이 끝났음을 알린다. 아이들에게 주변을 정리하게 하고, 화장실에 가거나 물티슈 등을 이용해 손을 씻을 시간을 준다.

❷ 감사 기도를 드리고 낱개로 포장이 된 여러 모양의 과자를 간식으로 나누어 준다. '하나님' 글자가 적힌 종이를 보여주고 여러 모양의 과자를 이용해 글자를 똑같이 만들어 보라고 한다. 아이들이 글자를 만드는 동안 하나님이 우리를 얼마나 사랑하시는지 날마다 기억하며 살자고 당부한다.

❸ 간식을 먹은 후 마무리 정리를 잘하도록 지도한다.

오순도순  **마무리**

준비물 ▶ 유치부 교재 43쪽 메시지 카드, 소그룹 활동지, 파일

❶ 이번 주 메시지 카드로 부모님과 함께 오늘 배운 성경 이야기를 나누어 보라고 한다.

> **가족과 활동해요**
> • 가족과 즐거운 시간을 보냈던 기억에 대해 이야기를 나누어 보세요.
> • 2단원 암송 구절을 화장실 거울에 보드 마커로 적어 놓고 이번 주 동안 함께 외워 보세요.

❷ 소그룹 활동지를 떼어 파일에 끼우고 가방에 정리하게 한다.

❸ 아이들을 위해 기도한다.

> 인도자 하나님, 하나님이 오직 한 분, 진짜 하나님이신 것을 보여 주셔서 감사해요. 하늘에도 땅에도 하나님과 같으신 분은 없어요. 아들이신 예수님을 보내 십자가에서 죽게 하시고, 우리를 죄로부터 구원해 주셔서 감사해요. 예수님, 우리를 하나님께로 인도해 주셔서 감사해요. 우리가 하나님을 더 사랑하고 늘 하나님만 예배하게 도와주세요! 예수님의 이름으로 기도합니다. 아멘.

❹ 아이를 데리러 온 부모에게 아이가 특별히 즐거워했거나 잘했던 활동들에 대해 이야기해 주고, 가정에서 성경 읽기와 가족 활동을 진행할 수 있도록 격려한다.

✏️ **나만의 기록장**

약속의 땅 그리기

11
하나님의
언약을
기억해요

(신 5:1~6:25, 8:1~11:1, 11:26~28)

주제   하나님은 이스라엘 백성이 언약을 기억하게 하셨어요.

예수님 생각하기   하나님은 이스라엘 백성을 축복하기 원하셨지만, 이스라엘 백성이 하나님께 순종하지 않을 것도 알고 계셨어요. 하나님은 아들이신 예수님을 보내 새로운 언약을 맺을 계획을 갖고 계셨어요. 예수님은 우리의 죄로 인해 대신 벌을 받으셔서 우리가 용서받을 수 있게 하셨어요.

단원 암송   레 11:45

성경의 초점   누가 하나님의 법을 완전하게 지킬 수 있나요? 예수님 외에는 아무도 없어요.

하나님은 모세를 통해 이스라엘 백성을 이집트에서 인도해 내신 후 광야에서 그들을 만나 주셨고, 언약을 맺으셨습니다. "세계가 다 내게 속하였나니 너희가 내 말을 잘 듣고 내 언약을 지키면 너희는 모든 민족 중에서 내 소유가 되겠고 너희가 내게 대하여 제사장 나라가 되며 거룩한 백성이 되리라 너는 이 말을 이스라엘 자손에게 전할지니라"(출 19:5~6).

하나님은 모세와 5가지 언약을 맺으셨습니다. 첫째, 이스라엘 백성은 하나님의 소유가 될 것이다(출 19:5). 둘째, 이스라엘 백성은 하나님의 제사장 나라가 될 것이다(출 19:6). 셋째, 이스라엘은 거룩한 백성이 될 것이다(출 19:6). 넷째, 하나님은 이스라엘 백성을 대적들로부터 보호하실 것이다(출 23:22). 다섯째, 하나님은 이스라엘 백성에게 자신이 자비롭고 은혜롭고 노하기를 더디 하는 분임을 나타내실 것이다(출 34:6~7).

언약에 대한 하나님의 조건은 매우 명확합니다. "내가 오늘 명하는 모든 명령을 너희는 지켜 행하라"(신 8:1). "내가 오늘 네게 명하는 여호와의 명령과 법도와 규례를 지키지 아니하고 네 하나님 여호와를 잊어버리지 않도록 삼갈지어다"(신 8:11). "네가 만일 네 하나님 여호와를 잊어버리고 다른 신들을 따라 그들을 섬기며 그들에게 절하면 … 너희가 반드시 멸망할 것이라"(신 8:19).

신명기의 앞부분에서 이스라엘 백성은 약속의 땅의 경계에 있었습니다. 모세는 이스라엘 백성에게 하나님이 행하신 일들을 떠올려 주었습니다. 그는 하나님의 계명을 가르치고 하나님만 예배하라고 말했습니다. 믿음과 신뢰, 사랑을 통해 이스라엘 백성은 자비, 은혜, 용서의 축복을 받았습니다. 모세의 메시지는 분명했습니다. "기억하십시오!"

성경은 이스라엘 백성이 언약을 지키지 않았다고 말합니다(겔 16:59; 호 6:7). 그러나 하나님은 그들에게 자비를 보이셨습니다. 하나님의 새 언약은 순종이 아닌 마음을 중요하게 봅니다(렘 31:31~34).

● ● 티칭 포인트
하나님의 은혜를 우리의 순종으로 얻는 것이 아니라는 것을 아이들에게 알려 주십시오. 또한 우리의 불순종이 우리를 하나님으로부터 영원히 갈라놓을 수 없다는 것도 말해 주십시오. 하나님은 우리가 믿음으로 우리의 빈손을 하나님께 내어 드릴 때 우리를 축복하십니다.

이야기 성경 · 하나님의 언약을 기억해요

신 5:1~6:25, 8:1~11:1, 11:26~28

"이스라엘이여, 제 말을 들으십시오!" 모세는 모든 이스라엘 백성을 불러 모았어요. 그들은 광야에서 하나님이 주겠다고 약속하신 땅으로 들어가기 직전이었어요. 하나님은 모세를 통해 이스라엘 백성에게 중요한 말씀을 전해 주셨어요. 모세는 "여러분, 제가 오늘 여러분에게 들려주는 하나님의 규칙과 법을 듣고, 배우고, 순종하십시오. 하나님이 하신 말씀을 기억하십시오. 하나님은 '너희가 내 말을 듣고 내 규칙에 순종하면 너희는 내 백성이 될 것이다'라고 말씀하셨습니다"라고 말했어요.

모세는 이스라엘 백성에게 십계명을 떠올려 주었어요. "나 외에 다른 신을 섬기지 말라", "하나님보다 더 좋아하는 것을 만들거나 따르지 말라", "하나님의 이름을 함부로 부르지 말라", "안식일을 기억하여 거룩하게 지키라", "부모를 공경하라", "사람을 죽이지 말라", "결혼의 약속을 지켜라", "도둑질하지 말라", "이웃에 대하여 거짓 증거하지 말라", "이웃의 것을 탐내지 말라"예요.

모세는 이렇게 말했어요. "하나님은 모든 명령에 순종하라고 말씀하셨습니다. 그러면 우리에게 복이 있을 것이며, 우리가 차지한 땅에서 오랫동안 살 것이라고 하셨습니다. 이스라엘이여, 들으십시오! 우리 하나님 여호와는 오직 한 분이십니다. 그러므로 마음과 뜻과 힘을 다해 하나님 여호와를 사랑하십시오. 이 말씀을 자녀들에게 잘 가르치되 집에 앉아 있을 때나 길을 걸을 때나 누울 때나 일어날 때 그들에게 말해 주십시오."

하나님은 이스라엘 백성을 위한 놀라운 계획을 갖고 계셨어요. 하나님은 그들을 조상인 아브라함과 이삭, 야곱에게 주겠다고 약속하신 땅으로 인도하겠다고 말씀하셨어요. 하나님은 언제나 약속을 지키시는 분이에요! 모세는 이렇게 말했어요. "약속의 땅에 들어가서도 하나님 여호와를 잊지 말고 하나님이 여러분에게 행하신 일을 기억하십시오. 여러분을 이집트의 노예 생활에서 구하신 하나님을 찬양하고, 오직 하나님만 예배하십시오."

모세는 마지막으로 말했어요. "여러분의 하나님을 사랑하십시오. 여러분이 하나님의 명령을 지키면 복을 받을 것입니다. 그러나 하나님의 명령을 지키지 않으면 저주를 받게 될 것입니다."

●● 예수님 생각하기

하나님은 이스라엘 백성을 축복하기 원하셨지만, 이스라엘 백성이 하나님께 순종하지 않을 것도 알고 계셨어요. 하나님은 아들이신 예수님을 보내 새로운 언약을 맺을 계획을 갖고 계셨어요. 예수님은 우리의 죄로 인해 대신 벌을 받으셔서 우리가 용서받을 수 있게 하셨어요.

가스펠
준비

싱글벙글 ☺ **환영해요**

"거룩하라"(지도자용 팩)를 튼다. 아이들을 반갑게 맞이하며 헌금과 기도를 도와준다. 예배 중 헌금 순서가 있다면 아이들이 헌금을 잘 간수하도록 돕는다. 가방과 외투를 정리하도록 안내한다. 새로 온 아이가 있다면 음수대와 화장실의 위치를 알려 주고, 보호자와 만나는 시간과 방법 등을 소개한다. 보호자들을 위한 안내문을 붙여 아이와 만나는 시간, 기다리는 장소, 헌금 방법, 아이에 대한 특별한 주의 사항을 교사에게 미리 알려 주기 등을 공지한다.

너랑 나랑 ☺ **마음 열기**

주제와 관련 있는 퍼즐이나 블록 등 아이들이 좋아하는 장난감을 몇 가지 비치해 두고 다양한 활동을 하며 예배를 준비하도록 돕는다. 아이들이 마음을 열고 오늘의 주제에 관심을 갖게 하며 예배에 집중할 수 있도록 도와준다. 교회 형편에 맞게 시간과 활동 방법을 조절한다.

참일까요, 거짓일까요? ✱

❶ 인도자가 아이들에게 다양한 문장을 읽어 주면 아이들이 참인지 거짓인지 분별해 대답하도록 하는 활동이다.
❷ 참인지, 거짓인지 큰 소리로 답하라고 말해 준다.
  예) 해는 보라색이다(거짓) / 풀은 초록색이다(참) / 사슴은 식물이다(거짓) / 고래는 날 수 있다(거짓) / 바나나는 파란색이다(거짓) / 잘 익은 딸기는 빨간색이다(참) 등.

> **인도자** 오늘 우리는 하나님이 이스라엘 백성에게 '언약'이라고 불리는 특별한 약속을 하신 일에 대해 배울 거예요. 하나님은 이스라엘 백성이 진리에 대해 알기를 원하셨어요. 하나님의 말씀은 사실이에요. 우리는 하나님이 하신 말씀을 언제나 믿을 수 있어요.

비치볼 약속을 지켜요 ✱
준비물 ▶ 작은 비치볼

❶ 아이들을 마주 보고 둥글게 세운다.
❷ 인도자가 아이들을 향해 비치볼을 던지면 손으로 살짝 쳐서 땅에 떨어지지 않게 해야 한다는 게임의 규칙을 설명해 준다. 비치볼이 땅에 떨어지지 않도록 서로 도울 것을 약속하는 시간을 갖는다.
❸ 쉬운 동작부터 점점 어려운 동작을 하기로 약속한다.
  예) 옆 사람에게 전달하기 → 손으로 쳐서 띄우고 3초 동안 떨어뜨리지 않기 → 두 칸 옆 친구에게 전달하기 등.

> **인도자** 비치볼이 땅에 떨어지지 않게 하는 일은 어려웠지만 여러분 모두 약속을 지켜 서로

를 잘 도와주었어요! 오늘의 성경 이야기에서는 하나님이 이스라엘 백성에게 하나님이 하신 약속을 기억하게 하신 일에 대해 배울 거예요. 하나님은 그들이 하나님의 약속을 영원히 기억하기를 원하셨어요.

 **예배 대형으로 모이기**

- 카운트다운 영상, 모이기 노래 등을 활용해 예배 대형으로 바꾸고 마음을 준비하게 한다.
- 공간을 이동해야 한다면 하나님의 계명에 대해 이야기하면서 가도록 한다.

가스펠 설교

하나 － 들어가기

아침에 무엇을 먹고 왔는지 기억하는 아이가 있는지 물어본다. 그다음에 어제 아침에 무엇을 먹었는지 질문한다. 지난주, 한 달 전, 1년 전 아침에 무엇을 먹었는지 기억하는지 계속해서 물어본다.

어떤 일을 기억하는 것이 어려울 때도 있어요. 오늘 우리는 하나님이 이스라엘 백성에게 하신 특별한 약속, 하나님의 계명을 기억하라고 하신 일에 대해 배울 거예요.

둘 － 성경 이야기

신명기 5~6장, 8~11장을 편다. 설교 영상(지도자용 팩)을 보여 주거나 이야기 성경을 들려준다.

성경은 하나님이 하나님의 백성에게 주신 하나님의 말씀이에요. 성경에 있는 모든 이야기는 실제로 일어난 일이에요. 오늘의 성경 이야기는 '신명기'에 나온답니다.

셋 － 메시지와 정리

하나님은 이스라엘 백성이 언약을 기억하게 하셨어요. 하나님은 이스라엘 백성을 축복하기 원하셨지만, 이스라엘 백성이 하나님께 순종하지 않을 것도 알고 계셨어요. 하나님은 아들이신 예수님을 보내 새로운 언약을 맺을 계획을 갖고 계셨어요. 예수님은 우리의 죄로 인해 대신 벌을 받으셔서 우리가 용서받을 수 있게 하셨어요.

연대표(지도자용 팩)를 가리키면서 복습 질문을 한다.

1. 하나님은 이스라엘 백성이 무엇을 기억하기 원하셨나요? **하나님은 이스라엘 백성이 언약을 기억하게 하셨어요**
2. 하나님께 순종하면 어떻게 되나요? 복을 받는다
3. 하나님께 순종하지 않으면 어떻게 되나요? 벌을 받는다
4. 하나님은 하나님의 말씀을 자녀들에게 언제 가르치라고 말씀하셨나요? 집에 앉아 있을 때나 길을 걸을 때나 누울 때나 일어날 때

넷 — 성경의 초점

한 가지 질문에 더 답해 보세요. **"누가 하나님의 법을 완전하게 지킬 수 있나요?"** 답은 **"예수님 외에는 아무도 없어요"**이지요! 이 질문과 답은 2단원의 '성경의 초점' 질문과 답이에요.

하나님의 법은 우리에게 거룩이 무엇인지 보여 주어요. 우리는 거룩하지 못해요. 우리는 죄인이에요. 그렇지만 예수님을 믿으면, 하나님은 우리를 하나님처럼 거룩하게 해 주세요.

다섯 — 복음 초청

성경과 104쪽 복음 초청 가이드를 이용해서 아이들에게 그리스도인이 되는 법을 설명해 준다. 따로 상담해 줄 사람을 정해 주고 궁금한 점이 있으면 물어보도록 격려한다.

이 시간 예수님을 믿고 마음에 모시고 싶은 친구는 함께 기도해요.

여섯 — 기도

하나님, 우리는 연약해서 하나님이 주신 모든 규칙을 완벽하게 지킬 수 없어요. 그런 우리에게 예수님을 보내셔서 언제나 우리를 용서해 주시고 자녀 삼아 주신 것을 진심으로 감사드려요. 우리가 하나님의 놀라운 사랑을 잊지 않고 전하며 살 수 있도록 도와 주세요. 예수님의 이름으로 기도합니다. 아멘.

일곱 — 암송송

암송송(141쪽)에 맞추어 손유희를 하며 말씀을 익힌다.

"나는 너희의 하나님이 되려고 너희를 애굽 땅에서 인도하여 낸 여호와라 내가 거룩하니 너희도 거룩할지어다"(레 11:45).

tip 전체 구절 암송이 어려운 경우에는 표시 부분을 발췌해 외워도 좋다.

가스펠
소그룹

알콩달콩 ☺ 말씀 놀이

하나님의 말씀이 가장 소중해요

준비물 ▶ 유치부 교재 28쪽, 29쪽 '성경책', 연필

이야기 나누기
- 하나님이 이스라엘 백성에게 주신 많은 약속 중에서 기억나는 것이 있나요?
- 나는 성경을 사랑하고 소중히 여기나요?

❶ 그림을 하나하나 살펴보면서 하루 중 어떤 때인지 이야기를 나누어 보게 한다.

❷ 각 그림에서 성경책을 찾아 ○표 하게 한다.

❸ 유치부 교재 29쪽 '성경책'을 떼어 나만의 성경책을 만들어 보는 시간을 갖는다.

나만의 성경책 만드는 법

- 유치부 교재 29쪽 '성경책'을 떼어 낸 후 접는 선대로 접은 뒤 다시 펼친다.
- 칼선을 벌린 후 사진처럼 '성경책'을 세워 십자 모양으로 접는다.

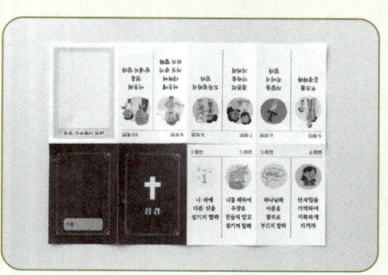
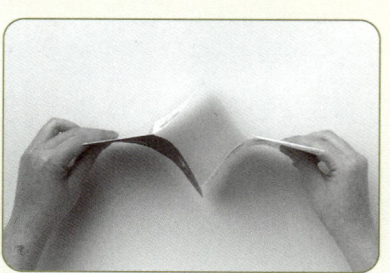

• '성경책' 표지가 앞으로 나오게 순서대로 접는다.

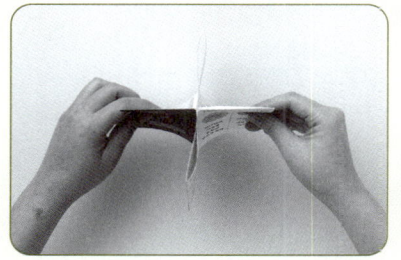 

• 완성된 성경책에 이름과 '내가 사랑하는 말씀'을 적게 한다.

> **인도자** 성경은 하나님이 하나님의 백성에게 주신 하나님의 말씀이에요. 우리는 언제나 성경을 가까이하고 말씀을 소중히 여겨야 해요. 모세도 이스라엘 백성에게 항상 하나님의 명령을 기억하고 이야기할 것을 당부했어요. 하나님의 계명을 지키는 것은 축복이지만 순종하지 않으면 슬픈 결과를 맞이하게 되지요. **하나님은 이스라엘 백성이 언약을 기억하게 하셨어요.** 하나님은 이스라엘 백성이 하나님께 순종하지 않을 것을 알고 계셨어요. 하나님은 아들이신 예수님을 보내 새로운 언약을 맺을 계획을 갖고 계셨어요.

방석을 찾아 앉아요 *

준비물 ▶ 방석, 찬양

❶ 방석을 아이들의 수보다 하나 적게 준비해 둥글게 배열해 둔다.

❷ 아이들에게 찬양을 부르며 방석 주위를 돌다가 찬양이 멈추면 방석을 찾아서 앉으라고 말해 준다.

❸ 방석을 찾지 못해 서 있는 아이에게는 십계명 중에 하나를 물어본다. 어려워할 경우 힌트를 주어 말할 수 있도록 도와준다.

> **tip** 방석에 앉을 때 다투거나 밀어서 다치는 일이 없도록 미리 약속을 정한다.

❹ 시간 여유가 되는 대로 게임을 계속한다.

> **인도자** 모세는 이스라엘 백성이 하나님이 주신 명령들을 다시 기억하게 했어요. 모세는 항상 하나님의 명령을 기억하고 이야기할 것을 당부했어요. **하나님은 이스라엘 백성이 언약을 기억하게 하셨어요.** 하나님은 이스라엘 백성을 축복하기 원하셨지만 이스라엘 백성이 하나님께 순종하지 않을 것도 알고 계셨어요. 하나님은 아들이신 예수님을 보내 새로운 언약을 맺을 계획을 갖고 계셨어요.

말하는 대로 순종해요 ＊
준비물 ▶ 특별한 사탕(별사탕, 다양한 맛과 모양의 막대 사탕 등)

❶ 아이들에게 인도자가 말하는 여러 지시를 표현해 보라고 한다. 각각의 단어에 약속된 행동을 하나하나 알려 주고, 한두 번 연습한 후 시작한다.

예) 아래(쭈그려 앉기) / 위(점프하기) / 가까이(인도자 가까이로 오기) / 멀리(인도자에게서 멀어지기) / 행복(웃음) / 슬픔(얼굴 찌푸리기) / 머리(머리 만지기) / 발가락(발가락 만지기) / 크게(소리 지르기) / 조용하게(아무 말도 하지 않기) / 꿈틀거리기(움직이며 돌아다니기) / 얼음(가만히 서 있기) 등.

❷ 이 게임에서 '순종'은 인도자가 말하는 대로 따르는 것을 의미한다고 설명해 준다.

❸ 게임이 끝나면 순종을 잘해 준 것에 대한 상으로 아이들에게 특별한 사탕을 선물해 준다.

> **인도자** 여러분, 모두 잘 순종해 주었어요. 이제 순종했으니 기쁨을 누릴 차례예요! 오늘 선물로 준 특별한 사탕, 맛있게 드세요. **하나님은 이스라엘 백성이 언약을 기억하게 하셨어요.** 하나님은 이스라엘 백성이 하나님께 순종하면 복을 주겠다고 말씀하셨어요. 여러분이 오늘 인도자의 지시에 순종했던 것처럼 하나님은 여러분이 하나님의 계명에 순종하기를 원하세요. 하나님은 우리가 하나님께 순종하지 않을 것도 알고 계셨어요. 하나님은 아들이신 예수님을 보내 새로운 언약을 맺을 계획을 갖고 계셨어요. 예수님은 우리의 죄로 인해 대신 벌을 받으셔서 우리가 용서받을 수 있게 하셨어요.

앉아요, 일어서요 ＊
준비물 ▶ 의자, 십계명을 크게 써 둔 전지

❶ 인도자를 향해 의자들을 한 줄로 놓아 둔다. 인도자의 의자도 마주 보고 놓는다.

❷ 아이들을 의자 앞에 세우고, 인도자도 자신의 의자 앞에 선다.

❸ 인도자가 십계명 중 한 계명을 말하고 의자에 앉으면, 아이들은 인도자가 말한 계명을 따라 말한 후 의자에 앉으면 된다고 말해 준다.

❹ 이어서 인도자가 다른 계명을 말하고 의자에서 일어서면, 아이들은 인도자가 말한 계명을 따라 말한 후 의자에서 일어서면 된다고 이야기해 준다.

> tip 아이들이 십계명을 잘 익힐 수 있도록 전지에 십계명을 크게 써서 붙여 두면 좋다.

❺ 10개의 계명을 다 말할 때까지 게임을 반복한다.

> **인도자** 하나님의 계명을 잘 기억했어요! **하나님은 이스라엘 백성이 언약을 기억하게 하셨어요.** 하나님은 이스라엘 백성에게 하나님의 말씀을 자녀들에게 부지런히 가르치라고 하셨어요. 집에 앉아 있을 때나 길을 걸을 때나 누울 때나 일어날 때 하나님의 말씀에 대해 이야기하라고 말씀하셨지요. 하나님은 거룩하시고 선하세요. 하나님의 명령은 매우 중요해요! 예수님은 하나님께 완전하게 순종하셨어요. 하나님은 예수님을 보내 우리를 구원하셨어요. 예수님은 우리의 죄로 인한 벌을 대신 받으셔서

우리가 용서받을 수 있게 하셨어요.

손가락으로 숫자를 써요 *
준비물 ▶ 지퍼백, 페인트, 박스 케이프

❶ 지퍼백에 페인트를 부은 후 지퍼백을 닫고 박스 테이프로 흐르지 않도록 밀봉한다.

❷ 아이들에게 ❶을 나누어 준 후 손가락으로 그 위에 1부터 10까지 숫자를 차례대로 쓰게 한다. 숫자 하나씩 쓸 때마다 십계명 중에서 해당하는 계명을 말해 볼 수 있도록 도와준다.

> **tip** 인도자가 큰 소리로 숫자를 불러 주면서 진행하면 좋다.

> **인도자** 하나님이 십계명을 주신 것은 우리를 위해서예요. 우리는 서로에게 하나님이 주신 계명에 대해 이야기할 수 있어요. **하나님은 이스라엘 백성이 언약을 기억하게 하셨어요.** 하나님은 이스라엘 백성을 축복하기 원하셨지만, 이스라엘 백성이 하나님께 순종하지 않을 것도 알고 계셨어요. 하나님은 아들이신 예수님을 보내 새로운 언약을 맺을 계획을 갖고 계셨어요. 예수님은 우리의 죄로 인해 대신 벌을 받으셔서 우리가 용서받을 수 있게 하셨어요.

약속의 땅으로 들어가요 *
준비물 ▶ 훌라후프, 대형 비닐, 박스 테이프(플레이 터널)

❶ 훌라후프 두 개를 입구와 출구 삼아 박스 테이프를 이용해 대형 비닐을 연결해 긴 터널을 만든다.

> **tip** 플레이 터널을 이용해도 좋다.

❷ 터널 출구 쪽에 아이들을 도와줄 교사를 한 명 버치해 아이들이 선생님을 향해 기어갈 수 있도록 한다.

❸ 인도자는 입구 쪽에 서서 아이들에게 터널을 통과하면 '약속의 땅'이 나올 텐데 그곳에서 지켜야 할 규칙들에 대해 하나씩 가르쳐 주겠다고 말하고 기억하게 한다.
예) "하나님을 사랑하라", "이웃을 사랑하라", 십계명의 각 계명들 등.

❹ 아이들에게 터널 출구를 통과하면 약속을 기억해 말하라고 한다. 그때 교사가 "약속의 땅에 오신 것을 환영합니다!"라고 말하며 아이들을 맞아 준다.

> **인도자** **하나님은 이스라엘 백성이 언약을 기억하게 하셨어요.** 모세는 약속의 땅을 앞두고 이스라엘 백성에게 중요한 메시지를 전했어요. 하나님은 이스라엘 백성이 하나님이 그들에게 행하신 모든 좋은 일을 기억해 하나님을 사랑하고 순종하기를 원하셨어요. 하지만 사람들이 항상 하나님께 순종하는 것은 아니에요. 이것이 바로 하나님이 예수님을 보내 주신 이유이지요! 우리가 예수님을 믿으면 예수님은 우리를 죄에서 구원하세요.

 소곤소곤 꿀~꺽 간식

준비물 ▶ 공갈빵, 꿀, 사과, 건포도, 접시

❶ 카운트다운 영상, 정리하기 노래 등을 활용해 활동이 끝났음을 알린다. 아이들에게 주변을 정리하게 하고, 화장실에 가거나 물티슈 등을 이용해 손을 씻을 시간을 준다.

❷ 감사 기도를 드리고 공갈빵, 꿀, 사과, 건포도를 간식으로 나누어 준다. 하나님이 이스라엘 백성을 약속의 땅으로 인도하신 일에 대해 이야기를 나눈다. 광야에서 배고픈 이스라엘 백성에게 하나님이 꿀을 섞은 과자 맛이 나는 만나를 내려 주셨던 일을 떠올려 주고 약속의 땅은 꿀이 풍부하고 포도 같은 각종 과일들이 매우 많은 좋은 땅이라고 말해 준다.

❸ 간식을 먹은 후 마무리 정리를 잘하도록 지도한다.

 오순도순 마무리

준비물 ▶ 유치부 교재 43쪽 메시지 카드, 소그룹 활동지, 파일

❶ 이번 주 메시지 카드로 부모님과 함께 오늘 배운 성경 이야기를 나누어 보라고 한다.

 **가족과 활동해요**

• 가족과 함께 신명기 6장 4~9절을 읽은 뒤 이번 주 동안 이 말씀을 기억할 수 있는 방법을 생각해 보세요.
• 가족과 산책하면서 오늘 배운 성경 이야기를 나누어 보세요.

❷ 소그룹 활동지를 떼어 파일에 끼우고 가방에 정리하게 한다.

❸ 아이들을 위해 기도한다.

> 인도자 하나님, 하나님이 오직 한 분, 진짜 하나님이시라는 것을 기억하게 해 주셔서 감사해요. 하나님은 거룩하시고 선하세요! 우리는 하나님처럼 거룩해지기 원하지만, 우리에게는 하나님의 도우심이 필요해요. 예수님을 보내 우리를 죄로부터 구원하셔서 거룩하게 해 주심을 감사해요. 예수님의 이름으로 기도합니다. 아멘.

❹ 아이를 데리러 온 부모에게 아이가 특별히 즐거워했거나 잘했던 활동들에 대해 이야기해 주고, 가정에서 성경 읽기와 가족 활동을 진행할 수 있도록 격려한다.

 나만의 기록장

기억하고 싶은 하나님의 말씀 그리기

출애굽기 14:13

원곡 : 머리 어깨 무릎 발

작곡 : **미상**
편곡 : **김효정**

보통으로

모 세 가 백 성 에 게 이 르 되　너 희 는 두 려 워 하 ― 지 말 고 가 만 히
행 하 시 는 구 원 을 보 ― 라　너 희 가 오 늘 본 애 굽 사 람 을 영 원 히

서 서 여 호 와 ― 께 ― 서　오 늘 너 ― 희 를 위 하 ㅇ
다 시 보 지 아 니 하 리 라　출 애 굽 기 1 4 장 13 절

Fine

| 너희는 (두 손을 펌) | 두려워 (손으로 두 눈을 가림) | 하지 말고 (손바닥을 뒤집고 옆으로 펼침) | 가만히 서서 (손 허리에) | 여호와께서 (하늘을 보고 손바닥을 편 채 양팔을 올림) | 오늘 (손수 두 번) |

| 너희를 (오른손을 펌) | 위하여 (왼손도 펌) | 행하시는 (요람 흔들 듯이 오른쪽) | 구원을 (요람 흔들 듯이 왼쪽) | 보라 (망원경 모습이) |

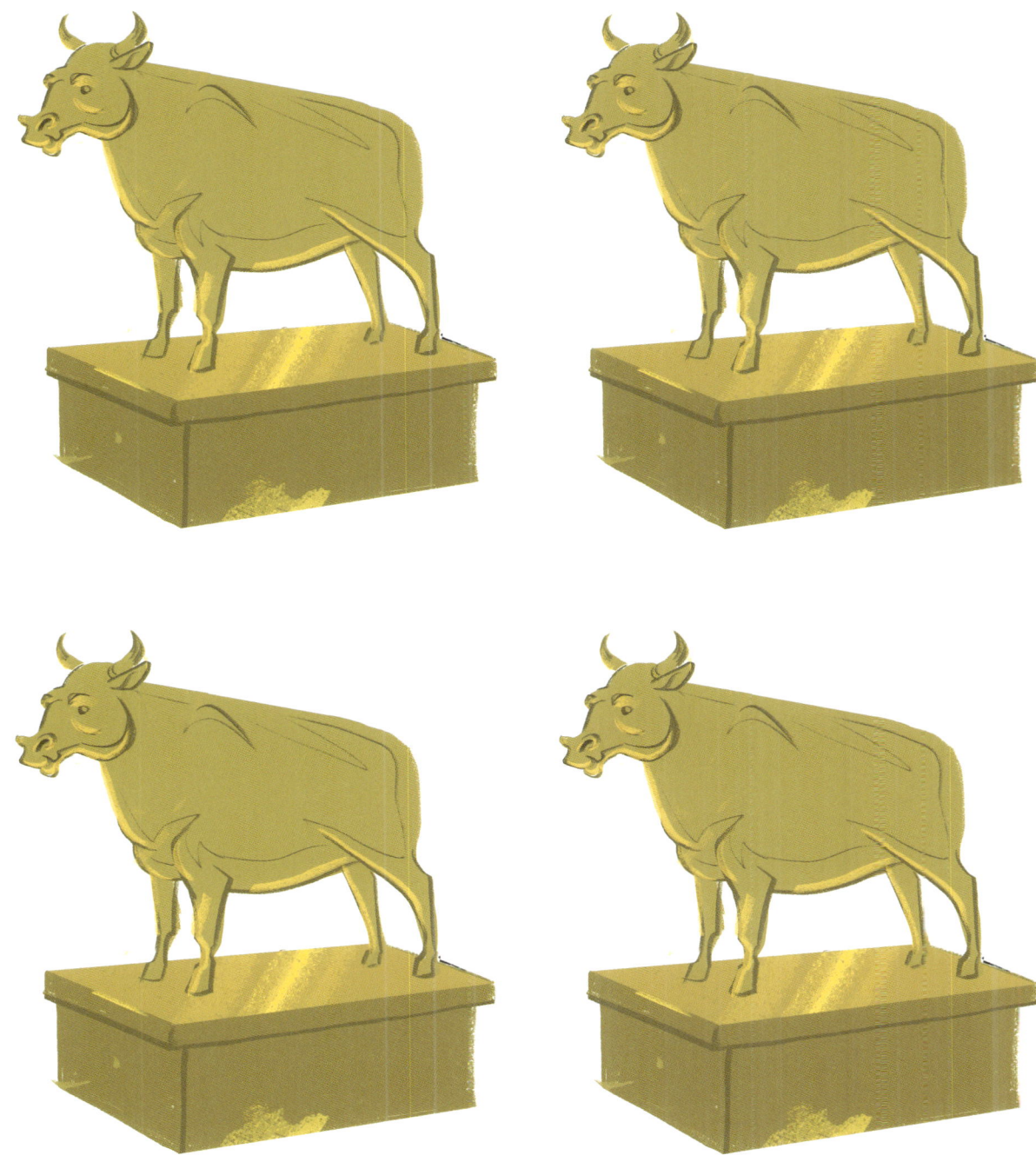

레위기 11:45

원곡 : 새찬송가 478장(참 아름다워라)

작곡 : M. D. Babcock
편곡 : 김효정

보통으로

나는 너—희—의 하나 님이 되려 고 너

회를 애굽—땅에 서인 도하여낸여호와라 내

가 거룩 하니 너희 도 거룩할 지어 다 내

가 거룩하니 너 희 도 거 룩—할—지어— 다

레 위 기 11 장 4 5 절

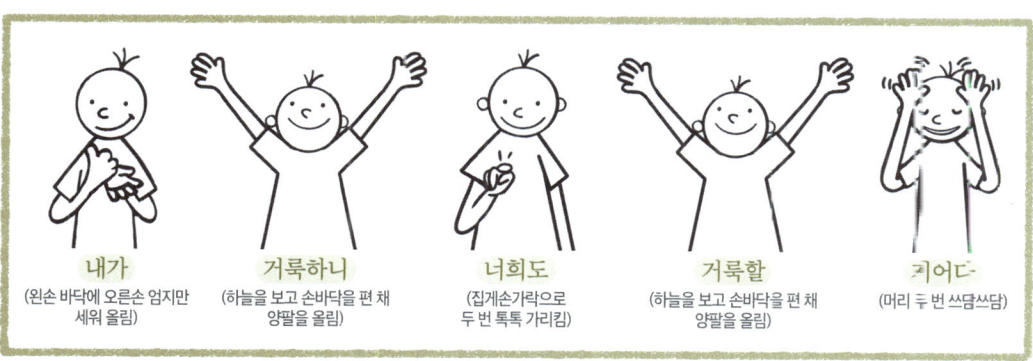

내가 (왼손 바닥에 오른손 엄지만 세워 올림)

거룩하니 (하늘을 보고 손바닥을 편 채 양팔을 올림)

너희도 (집게손가락으로 두 번 톡톡 가리킴)

거룩할 (하늘을 보고 손바닥을 편 채 양팔을 올림)

지어다 (머리 두 번 쓰담쓰담)

141

1권	2권	3권	4권	5권	6권
위대한 시작	**하나님의 구출 계획**	**약속의 땅**	**왕국의 성립** 삼상, 삼하, 왕상, 욥, 전, 시, 잠	**선지자와 왕** 왕상, 왕하, 대하, 사, 렘, 겔, 호, 욘, 욜	**돌아온 하나님의 백성** 단, 에, 느, 말
창	출, 레, 신	민, 수, 삿, 룻, 삼상			

1단원 창조의 하나님	1단원 구출하시는 하나님	1단원 구원의 하나님	1단원 왕이신 하나님	1단원 계시하시는 하나님	1단원 도와주시는 하나님
1. 하나님이 세상을 창조하셨어요 2. 하나님이 사람을 창조하셨어요 3. 죄가 세상에 들어왔어요 4. 가인과 아벨이 제물을 드렸어요 5. 하나님이 노아와 가족을 구해 주셨어요 6. 바벨탑을 쌓던 사람들이 흩어졌어요	1. 모세를 부르셨어요 2. 이스라엘 백성은 재앙을 피했어요 3. 홍해를 건넜어요 4. 광야에서 시험을 치렀어요 5. 금송아지를 만들었어요	1. 약속의 땅을 정탐했어요 2. 놋뱀을 바라보았어요 3. 하나님이 여리고성을 주셨어요 4. 죄 때문에 아이성 전투에서 졌어요 5. 여호수아가 당부했어요	1. 이스라엘이 왕을 달라고 했어요 2. 하나님이 사울을 버리셨어요 3. 다윗이 골리앗과 맞섰어요 4. 다윗과 요나단이 친구가 되었어요 5. 하나님이 다윗과 언약을 맺으셨어요 6. 다윗이 하나님께 죄를 지었어요	1. 엘리야가 악한 아합을 꾸짖었어요 2. 엘리야가 이세벨을 피해 도망쳤어요 3. 하나님이 나아만을 고쳐 주셨어요 4. 하나님이 이사야를 부르셨어요 5. 이사야가 메시아에 대해 외쳤어요 6. 히스기야는 남 유다의 신실한 왕이었어요	1. 다니엘과 친구들이 하나님께 순종했어요 2. 사드락, 메삭, 아벳느고를 구하셨어요 3. 다니엘을 구하셨어요 4. 하나님의 백성을 고향으로 데려오셨어요 5. 성전을 다시 지었어요

2단원 언약을 맺으시는 하나님	2단원 거룩하신 하나님	2단원 다스리시는 하나님	2단원 지혜의 하나님	2단원 포기하지 않으시는 하나님	2단원 공급하시는 하나님
7. 하나님이 아브라함과 언약을 맺으셨어요 8. 하나님이 아브라함을 시험하셨어요 9. 하나님이 다시 약속하셨어요	6. 십계명 "하나님을 사랑하라" 7. 십계명 "이웃을 사랑하라" 8. 성막을 지었어요 9. 하나님이 제사의 규칙을 정해 주셨어요 10. 오직 하나님만 예배해요 11. 하나님의 언약을 기억해요	6. 사사들이 이스라엘 백성을 이끌었어요 7. 드보라와 바락이 노래했어요 8. 겁쟁이 기드온이 용사가 되었어요 9. 삼손에게 다시 힘을 주셨어요 10. 룻과 나오미를 보살펴 주셨어요 11. 하나님이 사무엘에게 말씀하셨어요	7. 솔로몬이 지혜를 구했어요 8. 지혜는 하나님께로부터 와요 9. 솔로몬이 성전을 지었어요 10. 이스라엘이 둘로 나뉘었어요	7. 하나님이 호세아를 통해 북 이스라엘에 사랑을 전하셨어요 8. 하나님이 요나를 통해 니느웨에 사랑을 전하셨어요 9. 하나님이 요엘을 통해 남 유다에 사랑을 전하셨어요	6. 에스더를 왕비로 세우셨어요 7. 에스더를 통해 하나님의 백성을 구하셨어요 8. 느헤미야가 예루살렘의 소식을 들었어요 9. 예루살렘 성벽을 다시 세웠어요 10. 에스라가 하나님의 율법을 읽었어요 11. 말라기가 하나님의 말씀을 전했어요

3단원 언약을 지키시는 하나님	※ 성탄과 부활		3단원 주권자이신 하나님	3단원 새롭게 하시는 하나님	
10. 야곱이 복을 가로챘어요 11. 하나님이 야곱에게 새 이름을 주셨어요 12. 요셉이 이집트로 팔려 갔어요 13. 요셉의 꿈이 이루어졌어요	**성탄절** 1. 왕을 기다려요 2. 천사가 마리아와 요셉에게 나타났어요 3. 예수님이 태어나셨어요 4. 동방 박사들이 왕께 경배했어요 **부활절** 5. 예수님이 예루살렘에 들어가셨어요 6. 예수님이 부활하셨어요		11. 솔로몬이 산다는 것에 대해 생각했어요 12. 욥이 고난을 받았어요 13. 하나님을 찬양해요	10. 하나님이 예레미야를 부르셨어요 11. 예레미야가 새 언약에 대해 예언했어요 12. 남 유다 백성이 포로로 잡혀갔어요 13. 에스겔이 앞날의 소망을 이야기했어요	

구약 2 성경의 초점과 주제

1단원 구출하시는 하나님

Q 하나님의 계획은 무엇인가요?
A 하나님의 계획은 하나님의 백성을 구하시는 거예요.
1. 하나님은 모세를 구하셨고, 모세를 통해 하나님의 백성을 구하셨어요.
2. 하나님은 유월절에 이스라엘 백성을 구하셨어요.
3. 이스라엘 백성이 홍해를 건넜어요.
4. 하나님은 이스라엘 백성에게 먹을 것과 물을 주셨어요.
5. 이스라엘 백성이 금송아지를 섬겼어요.

2단원 거룩하신 하나님

Q 누가 하나님의 법을 완전하게 지킬 수 있나요?
A 예수님 외에는 아무도 없어요.
6. 하나님은 우리에게 규칙을 주셔서 하나님의 거룩하심을 나타내셨어요.
7. 하나님은 이웃을 사랑하라는 계명을 주셨어요.
8. 하나님은 이스라엘 백성에게 성막을 지으라고 하셨어요.
9. 하나님은 죄를 용서받을 수 있는 길을 열어 주셨어요.
10. 하나님은 오직 한 분, 진짜 하나님이세요.
11. 하나님은 이스라엘 백성이 언약을 기억하게 하셨어요.

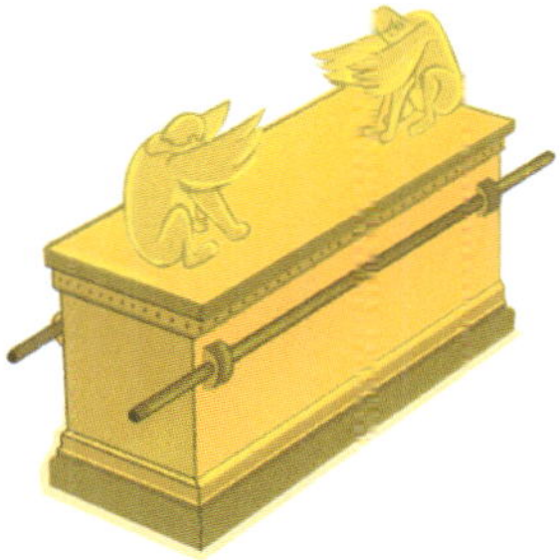